W0354262

FÜR THEODOR

Timo Brunke

# Warum heißt das so?

## Ein Herkunftswörterbuch

Bilder von Susann Hesselbarth

Klett Kinderbuch

# Vorwort

## WARUM HEISST DAS SO?

Dieses Buch erzählt Geschichten von Wörtern – von schönen, spannenden, lustigen, ekligen, gruseligen, komischen, merkwürdigen und ganz normalen Wörtern. Wie alle Dinge kommen auch die Wörter von irgendwo her. Jedes hat eine eigene Geschichte.

Diese Geschichten habe ich gesammelt. Normalerweise erforschen die Sprachforscher solche Dinge. Ich bin aber gar kein Sprachforscher, sondern ein Sprachkünstler, ein Poet. Ich spiele gerne mit Wörtern. Ich staune darüber, wie viele Verwandlungen sie durchgemacht haben, und ich freue mich an den verschiedenen Formen, die sie im Lauf der Zeit angenommen haben.

Ich habe mich beim Schreiben auf zwei kluge Bücher für Erwachsene verlassen: auf das „DUDEN-Herkunftswörterbuch" und auf das „Etymologische Wörterbuch der deutschen Sprache" von Friedrich Kluge und Elmar Seebold.

Was ich dort lernte, stellte ich mir anschließend wie kleine Filmszenen vor, um besser zu verstehen, wie die Menschen in früheren Zeiten gelebt und gedacht haben und wie sie sich passende Wörter dazu gesucht haben.

„Warum heißt das so?“ will nicht auf alles eine Antwort finden, sondern eher das Gegenteil: Neugier wecken, zum Weiterdenken über die Entstehung von Wörtern anregen. Bei sehr vielen Wörtern ist die Herkunft unbekannt. Neun Mal habe ich sie mir deshalb einfach ausgedacht. So sind kleine Rätsel in das Buch gekommen: Ihr könnt versuchen, diese neun erfundenen Erklärungen im Buch zu finden. Hinten auf Seite 79 sind sie noch einmal alle aufgeführt. Alle anderen Erklärungen sind richtig, soweit ich weiß. Sollte jemand trotzdem einen Fehler entdecken, freut sich der Verlag, wenn er eine Berichtigung erhält. Dann verbessern wir das Buch in der nächsten Auflage.

Bedanken möchte ich mich bei Bas Böttcher, der sich Zeit nahm, mir zuzuhören, der mir gute Ratschläge gab und mich mit seiner eigenen Faszination für die Welt der Wörter begeisterte, und bei dem Tübinger Sprachwissenschaftler Peter Koch für seine freundliche Beratung und Korrektur.

Timo Brunke, Stuttgart, im November 2008

**ABRAKADABRA** Das berühmteste Zauberwort aller Zeiten stammt aus einer untergegangenen Sprache im Norden Griechenlands und bedeutet „Schaum und Asche“ oder „Nebel und Rauch“. Schaum und Nebel bestehen aus Wasser, Asche und Rauch haben mit Feuer zu tun. Wasser und Feuer sind die größten Gegensätze in der Natur. „Abrakadabra“ bringt also Dinge zusammen, die überhaupt nicht zusammengehören. Ein echter Zauberer könnte mit „Abrakadabra“ die Regeln der Natur außer Kraft setzen.

**ADVENT** Eine Geburt ist eine Art „Ankunft“. Ein Säugling reist neun Monate im Bauch seiner Mutter mit und zwängt sich schließlich zum Geborenwerden ans Tageslicht. „Advent“ kommt von lateinisch „adventus“ und heißt auf Deutsch „Ankunft“. Man meint damit die Geburt – die Ankunft – von Jesus Christus in der Welt. Die Adventszeit erinnert an die Zeit, kurz bevor das Jesuskind in der Welt ankam. Das ist die Zeit vor Weihnachten (siehe Seite 72).

**AKROBAT** Das Wort „Akrobat“ besteht aus zwei griechischen Wörtern, nämlich aus „akros“ für „spitz“ und „baino“ für „gehen“. Ein Akrobat ist ein Mensch, der auf Zehenspitzen geht, ein „Spitzen-gänger“. Entweder gingen Akrobaten früher wie die heutigen Balletttänzer auf den Zehenspitzen, oder sie sind Menschen, die es mit ihren Schritten auf dem Zirkusseil in schwindelnder Höhe „auf die Spitze“ treiben.

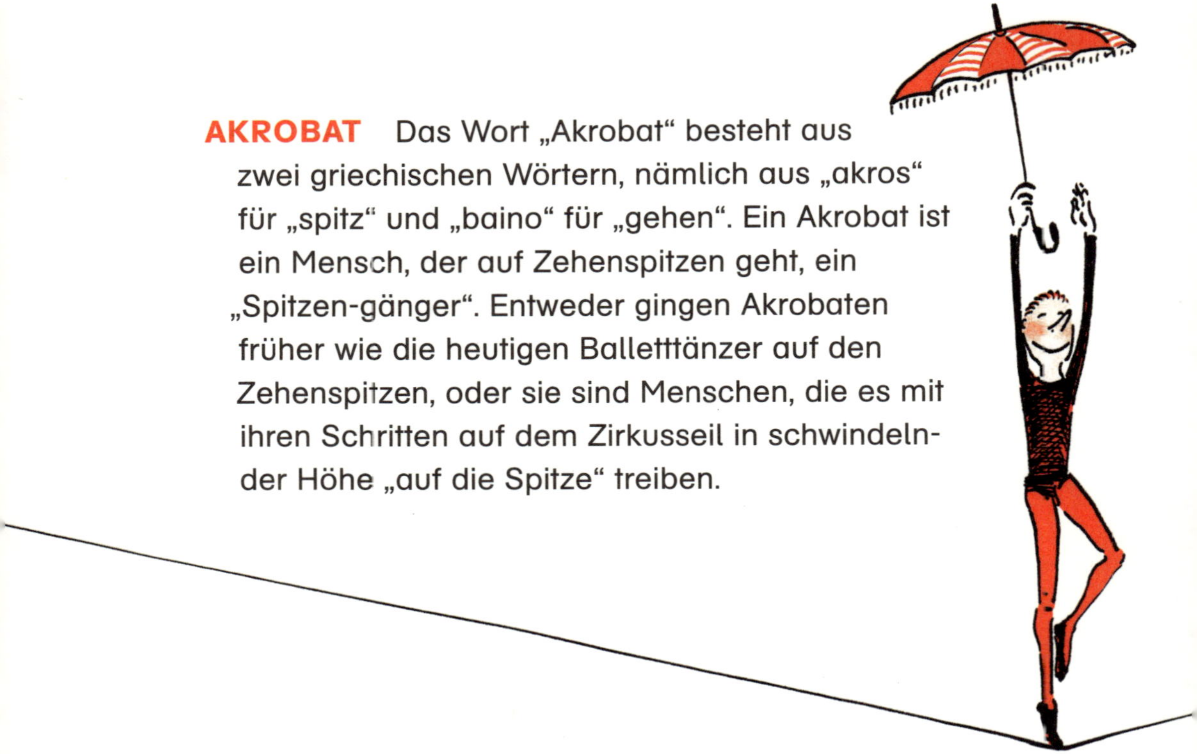

**ALLERGIE UND ENERGIE** Um das Wort „Allergie“ zu verstehen, sollte man wissen, was das Wort „Energie“ bedeutet. Beide Wörter kommen aus dem Griechischen. Die Silbe „en“ heißt „in“ und „ergon“ bedeutet „Kraft“. „Energie“ ist also eine „innere, eigene Kraft“. Das Gegenteil davon ist eine Allergie, denn „allos“ heißt „anders, fremd“. Eine Süßgräser-Pollenallergie zum Beispiel ist eine „fremde Kraft“, die von außen auf den Körper einstürmt – mit Niesanfällen, Hustenreiz und Augenbrennen.

**AMEISE** Das Wort „Ameise“ haben sich die alten Germanen ausgedacht. Das „A-“ steht für „weg“ oder „ab“. Die „Meise“ in „Ameise“ rührt von dem germanischen Urwort für „schneiden“ her, und das lautete ziemlich ähnlich, nämlich „meitanan“. Die Ameise ist demnach eine „Abschneiderin“ von Blättern, Stengeln, Fleisch, Fruchtfleisch und anderen Dingen.

**APFEL** Das Wort „Apfel“ gehört zu unseren Urwörtern. Weil jeder auf der Welt Äpfel kennt, wurden alle möglichen apfelrunden Dinge einfach „Apfel“ genannt. Zum Beispiel der „Reichsapfel“ des Königs, der in Wirklichkeit eine Goldkugel mit Kreuz obendrauf war. Sogar die knubbeligen Kartoffeln heißen in manchen deutschen Gegenden und auch in Frankreich „Erdäpfel“. Und woher kommt der Name „Apfelsine“? Ganz einfach: Die Orange kam aus China und war rund wie ein Apfel. Und weil „Sine“ oder „Sina“ für China stand, war sie der „Apfel aus China“.

**AUTO** Heute nennen wir es Auto. Früher hieß es „Automobil“. „Auto“ kommt vom griechischen Wörtchen „autos“, und das bedeutet „selber“. „Mobil“ kommt von „mobilis“, es heißt „beweglich“. Ein Auto ist also im Grunde ein „Selber“, ein Automobil aber ist ein „Selberbewegliches“. Der Fahrer darf sich aber selber gar nicht viel bewegen, sondern muss stillsitzen.

**BIO** Birnen, die ohne künstliche Spritzmittel heranreifen, heißen „Biobirnen". „Bio" kommt von dem alten Griechenwort „Bios". Es bedeutet „Leben". Biobirnen sind daher eigentlich „Lebendbirnen". Das klingt nicht wirklich sinnvoll, deshalb könnten wir besser von „Naturbirnen" sprechen. Gespritzte Birnen wären dann „Chemiebirnen". Und ein Laden oder Supermarkt, der keine Bioprodukte anbietet, ist eigentlich ein „Chemieladen".

**BLÖD, DUMM UND DOOF** Ein „blöder" Mensch war vor ein paar hundert Jahren gar kein blöder, sondern ein schwacher Mensch ohne Kraft. Die körperliche Schwäche hieß früher „blodi". Sie hat sich später auf die geistige Schwäche verlagert und bedeutete dann „schwachsinnig". Ähnlich ist es mit „dumm". Das Wort kommt von „stumm". Ein dummer Mensch war einer, der nichts sagen konnte. Auch unser Wort „doof" hat einen ähnlichen Ursprung:

Es ist ein niederdeutsches Wort für taub. In England klingt das noch heute nach, dort heißen die Gehörlosen „deaf". Schwach, stumm und taub – das sind keine Schimpfwörter. Warum sind blöd, dumm und doof dann doch welche geworden? Vielleicht, weil die Menschen, die sie benutzten, selber ein wenig blöd, dumm und doof waren?

**BRAV** Wer brav ist, der tut, was man von ihm verlangt. Am Anfang allen Brav-Seins standen die Barbaren: So hießen bei den alten Griechen alle Menschen, die keine Griechen waren. Die Barbaren waren wilde Kerle. Weil die Römer von ihnen schwer beeindruckt waren, erfanden sie das Wort „bravabus". Es hieß: „wild wie ein Barbar". Die römischen Soldaten hatten den Befehl, „wild wie ein Barbar" zu kämpfen, also „wild nach Vorschrift". Weil man aber schlecht „wild nach Vorschrift" sein kann, verschwand irgendwann die Wildheit, und übrig blieb nur – die Vorschrift. So wurde aus dem wilden „brav" unser liebes „brav". Wenn also Eltern zu ihrem Kind sagen: „und dass du mir auch ja brav bist!", dann heißt das im Grunde nichts anderes als: „und dass du mir auch ja wild wie ein Barbar bist"!

**BRILLE** Es gibt einen schimmernden, durchscheinenden Edelstein namens Beryll. Dieser Edelstein war im Mittelalter der Rohstoff für so genannte „Augengläser". Die ersten Brillen müssen schwer auf der Nase gesessen haben. Aber sie haben der Brille ihren heutigen Namen eingebracht: „die aus Beryll Gemachte".

**BROT** Wenn man ein Brot backt, ist es am wichtigsten, dass der Teig schön aufgeht. Aus einem mit Hefe durchmischten Mehl- und Wasserklumpen wird in der Hitze des Ofens ein knuspriges, gewölbtes Brot. Was lässt den Teig quellen? Es ist die Hefe. Die Hefe sorgt auch dafür, dass Bier beim Brauen zu schäumen anfängt. Weil Brot und Bier sozusagen „aufgehende" Nahrungsmittel sind, hingen die beiden für die alten Germanen eng zusammen. Bier war Brot zum Trinken und Brot war Bier zum Essen. „Brot" heißt also „Das Aufgegangene".

**BUCH** Nein, ein „Buch“ ist nicht das, was entsteht, wenn man eine Buche im Wald fällt und zu Papier verarbeitet: Für die alten Germanen waren Bücher zunächst nicht zum Blättern, sondern zum Werfen da. Es waren kleine Stöckchen, die unsere Vorfahren wie große Mikadostäbe auf den Boden warfen. Sie hießen „bok“ oder „boko“, was „Buchstabe“ bedeutete. Ein „Buch-Stab“ war ein Holzstäbchen, in das ein Wahrsagezeichen eingeritzt war. Aus der Art und Weise, wie diese Stöckchen auf dem Erdboden übereinander und nebeneinander kullerten, lasen die Germanen die Zukunft voraus. Ein „Buch“ ist ursprünglich also eine „Wahrsagestöckchen-Sammlung“ aus Buchen-, Eiben- oder Eichenholz.

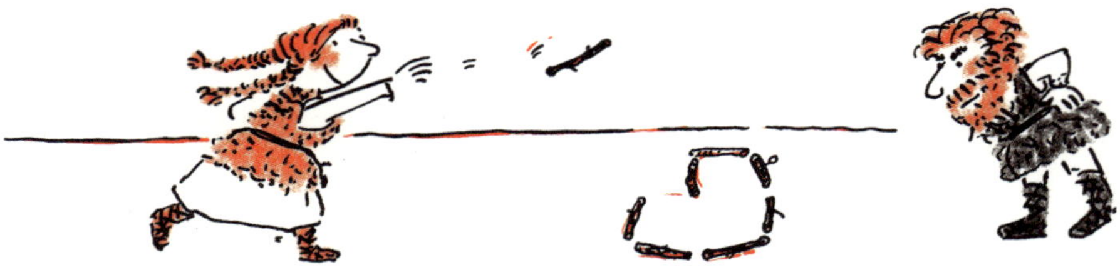

**BURGER** Als vor etwa 150 Jahren viele Menschen aus Europa nach Amerika auswanderten, nahmen sie ihre Lieblingsrezepte in die neue Heimat mit. Unter den Übersiedlern wurden Hackfleischbällchen zum Spaß „Hamburger steak“ –

„Steak aus Hamburg“ genannt. Wahrscheinlich konnten sich viele Hamburger zu dieser Zeit kein Fleisch am Stück, sondern nur Hackfleisch leisten. Das Wort „steak“ ist mit der Zeit weggefallen, und übrig blieb der „Hamburger“, der irgendwann dann auch sein „Ham“ verloren hat.

**BUS – OMNIBUS** Bus ist eine Abkürzung von „Omnibus“. Das ist lateinisch und bedeutet „für alle“. Das heißt: Ein Bus ist für alle da. In einem Omnibus finden alle Platz, die nicht Auto oder Taxi fahren wollen oder können. Aber eigentlich könnte dann auch ein Schiff, ein Flugzeug oder ein Zug „Omnibus“ heißen.

C

**CHRIST – CHRISTUS – CREME** Eine Creme ist eine Paste, mit der man sein Gesicht einreiben kann. Vor 2000 Jahren, als Jesus geboren wurde, hat man mit Salben auch die Köpfe von Königen eingecremt. Jesus wurde von seinen Anhängern, den Jüngern, als „Gesalbter“ – wörtlich: „königlich Eingecremter“ verehrt. „Creme“ geht zurück auf das griechische „chrisma“ für Salbe. „Christus“ kommt also von der Salbe, die Jesus aufgetragen bekam, weil er von den Christen als „himmlischer König“ verehrt wurde.

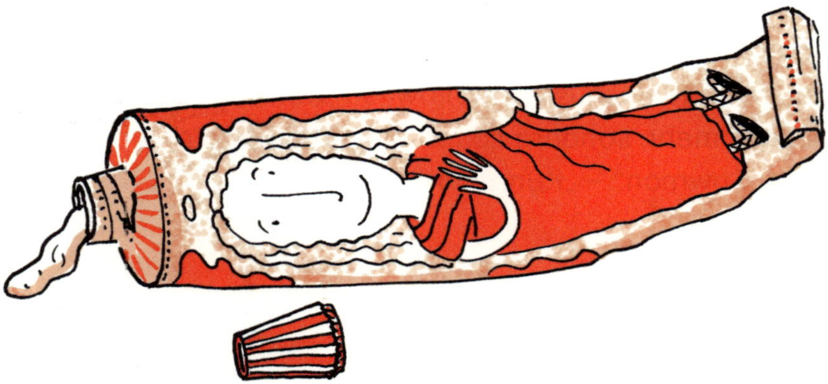

**COOL** Dieses Wort benutzen wir oft, wenn wir meinen, dass etwas gut oder besonders ist. „Cool“ ist englisch; es kommt von „kühl“ und bedeutet, dass jemand einen kühlen Kopf bewahrt. Wenn jemand „einen kühlen Kopf bewahrt“, dann ist er stark. Das gilt dann auch für alles, was dieser kühle

Mensch tut oder erlebt: Es ist stark – kühl – cool. Sogar ein schöner heißer Sommertag kann „cool“ sein – wenn coole Menschen etwas aus diesem heißen Tag machen, zum Beispiel „sich ganz cool in die Sonne legen“.

**COWBOY** Wer ein bisschen Englisch kann, weiß hier gleich Bescheid: „Cow“ heißt „Kuh“ und „Boy“ heißt „Junge“. Ein „Cowboy“ ist ein „Kuhjunge“, also ein Bursche, der auf Rinder aufzupassen hat. Der Beruf des Kuhjungen war früher nicht nur im Wilden Westen, sondern auch bei uns weit verbreitet. Nur warfen unsere Kuhjungen keine Lassos und ritten auch nicht auf Pferden, sondern mussten zu Fuß gehen. Eigentlich ist ein Wildwest-„Cowboy“ auch kein „Junge“ mehr, sondern schon ein junger Mann und müsste sich „Cowman“ – „Kuhmann“ nennen.

D

**DINOSAURIER** Bestimmt gab es früher auch Dinosaurier, die ganz niedlich waren. Aber die schrecklichen Dinge merkt man sich einfach besser. Zum Beispiel den riesigen, gefräßigen Tyrannosaurus Rex. Deshalb hat die ganze Dinosippe einen Namen, der aus Angst entstand: „deinos" heißt auf Griechisch „schrecklich" und „sauros" heißt „Echse". Ein Dinosaurier ist also eine „Schreckens-Echse".

**DÖNER KEBAB** Wie lecker: Ein komplettes Spanferkel, das sich brutzelnd über einem offenen Grill dreht! Auch so ein Spanferkel ist eigentlich ein „Döner Kebab". Das Wort „Kebab" kommt aus dem Türkischen und heißt „(Hack)-Fleisch". „Döner" bedeutet „Dreh"– beides zusammen ergibt dann „Drehfleisch". Und „Gyros"? „Gyros" ist griechisch und heißt „Kreisel" oder „Runde", also etwas sehr Ähnliches: „Fleisch, das seine Runden dreht".

**DRACHE** In alten Sagen wird von dem lähmenden Blick der Drachen berichtet. Wurde ein Drachenkämpfer von diesem Blick getroffen, so erstarrte er und konnte nicht mehr kämpfen. Das Wort „Drache" kommt letztlich von dem alten Griechenwort „derkomai" – „ich sehe". Ein Drache ist also „Ein scharf Blickender".

E

**ENGEL** Fast immer, wenn in den Geschichten der Bibel ein Engel vorkommt, dann hat dieser Engel eine Botschaft zu überbringen: Zum Beispiel sagt ein Engel in der Ostergeschichte den Frauen am Grab, dass Jesus von den Toten aufgestanden ist. Und in der Weihnachtsgeschichte erzählen Engel den Hirten auf dem Feld, dass Jesus in dieser Nacht geboren wurde. „Engel" kommt aus dem Griechischen – Angelos – und bedeutet „Bote", also „Nachrichtenüberbringer".

**EXPLOSION** Am Ende von einem Theaterstück gibt es meistens lauten Applaus. Alle klatschen in die Hände, um ihre Begeisterung zu zeigen. Wenn jemand eine Katze von einem Sofaplatz vertreiben will, dann klatscht er ebenfalls in die Hände. So ein plötzliches, schnelles Klatschen kann einen schon erschrecken. „Applaus" und „Explosion" stammen von lateinisch „plaudere" – „klatschen" ab. Eine Explosion ist eine „Ausklatsche". Wie wenn jemand im Innern einer Gasflasche ungeheuer stark in die Hände klatschen würde, so dass der Behälter zerplatzt und in tausend Teile zerspringt.

**FASCHING, FASTNACHT UND KARNEVAL** Diese drei Namen für das bunte Fest im Februar haben mit Konfetti, Verkleidungen und Straßenumzügen eigentlich gar nichts zu tun. Früher ging es sogar eher um das Gegenteil von Feiern, nämlich um das Fasten, um den Verzicht auf Essen oder wenigstens auf Fleisch. Die Zeit zwischen Fastnacht und Ostern heißt auch „Passionszeit“. In dieser Zeit sollten die Menschen darüber nachdenken, was Jesus vor Ostern erleben musste. Und weil üppiges Essen vom Nachdenken abgelenkt hätte, verzichteten sie in diesen Wochen auf Fleisch. Die „Fast-Nacht“ ist nun „die Nacht oder der Abend, bevor das Fasten losgeht“. „Fasching“ kommt von „Fasten-Gang“, also „der Gang zum Fasten“. Und „Karneval“? Karneval hat sich aus der lateinischen Sprache entwickelt und heißt: „Leb wohl, Fleisch!“, oder: „Tschüss, Braten, tschüss, Wurst!“

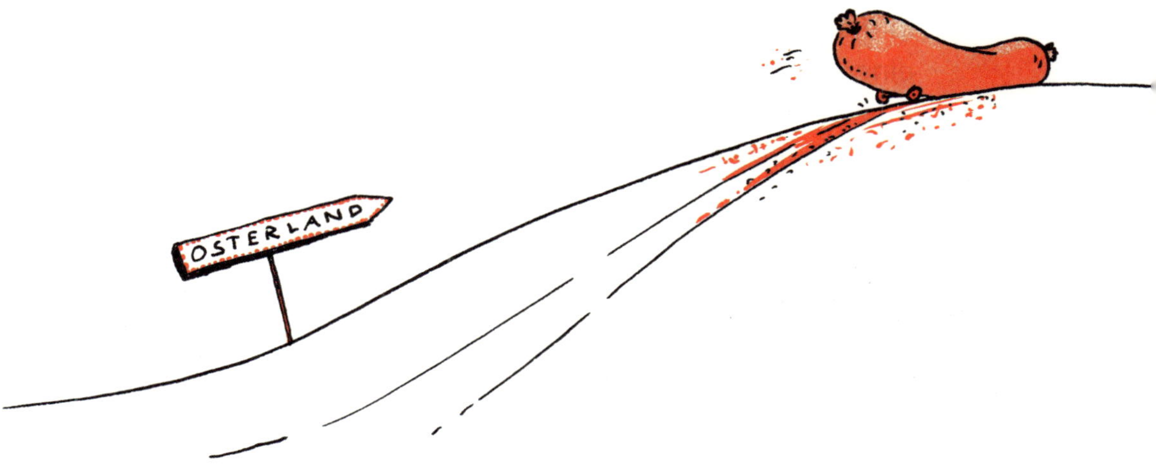

**FAUL** Bevor „faul“ ein Wort wurde, war es nur ein Geräusch, so ähnlich wie „pfui!“. Und genau wie „pfui!“ hieß es auch „Geh weg“! Wenn man das „f“ mit starkem Druck ausspricht, wird das ganz gut deutlich. Es gibt zwei Sorten von „faul“: Obst kann faul sein und vor sich hin stinken, und Menschen können faul sein, weil sie nichts tun. Ein fauler Mensch kann aber auch wie eine alte Banane herumliegen und vor sich hin stinken. Mit dem Fußballfoul ist die erste, stinkige Sorte Faulheit gemeint. Der Name kommt aus England und heißt richtig „Foul Play“ für „Faulspiel“ – also eine abstoßende, widerliche Art zu spielen.

**FEE** Die Fee, die einen Zauberstab schwingt und Wünsche erfüllt, kommt in vielen Märchen vor. Die Zaubersprüche, die die Fee dabei aufsagt, haben der Fee ihren Namen gegeben: „Fee“ kommt von lateinisch „fari“ und bedeutet „sprechen“. Eine „Fee“ ist eine „Zauberspruch-Frau“. Die Fee steckt auch in dem Wort „gefeit“. Wenn jemand sagt: „Ich bin gegen Schnupfen gefeit“, dann meint er: „Ich kriege nie Schnupfen, denn ich habe mir einen Feenspruch dagegen sagen lassen.“

**FINGER** Fünf Finger wachsen an einer Hand. Zur Zeit der alten Germanen ließ das Wort „Finger“ noch durchklingen, dass der Finger seinen Namen von der Zahl „fünf“ her hat. Ein Finger ist nämlich ein „Fünfer“ oder „einer von den fünf an einer Hand“. Der Daumen hieß „der Geschwollene“. Die anderen Finger müssten dann logischerweise Zeigefünfer, Mittelfünfer, Ringfünfer und Kleiner Fünfer gewesen sein. Aber ob die Germanen sie wirklich so genannt haben, wissen wir nicht. Neuerdings sagen manche Leute aber wieder „Fünf“ statt Finger, wenn auch auf Englisch: „Give me Five!“ ruft der Sportler, der seine Mitspieler abklatschen will.

**FLUMMI** Vor zweihundertfünfzig Jahren, als man in Europa anfing, Gummi künstlich herzustellen, erfand der Pressburger Chemiker Karl-Vinzent Dreist für seine Kinder einen kleinen handlichen Ball, der ganz aus Gummi bestand. Der kleine Gummiball hopste beim Spielen so flink hin und her, dass man ihn manchmal gar nicht mehr einfangen konnte. Da gab ihm Vater Dreist den Namen „Fliehgummi“ – kurz: „Flummi“. Mit diesem Namen hüpft der Flummi seitdem um die ganze Welt.

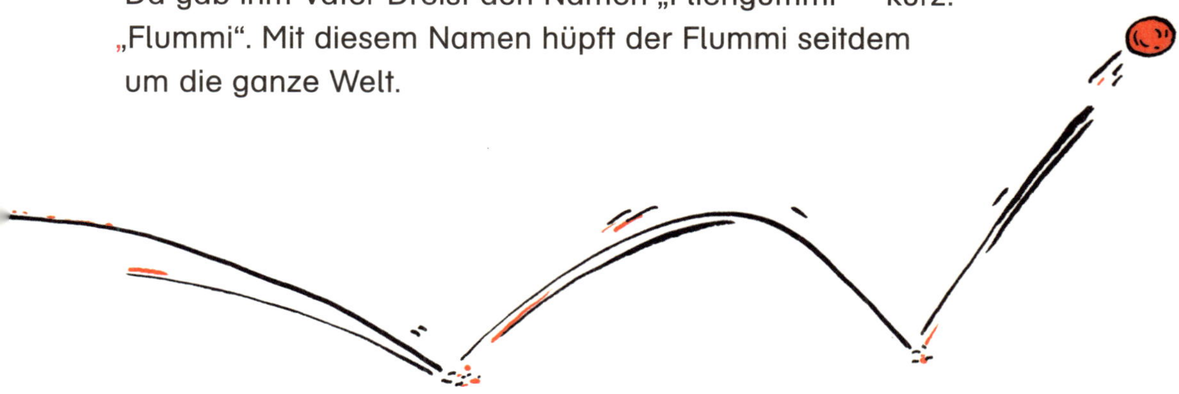

**FRECH** „Frech“ hat vor vielen Jahren noch „habgierig“ oder kurz „gierig“ bedeutet. Daneben stand es aber auch für „kühn“ und „tapfer“. Wenn also jemand frech war, war er kühn genug, sich das zu holen, was er haben wollte. Das Kühne am Frechsein ist dann etwas verloren gegangen. Aber ein bisschen stimmt es noch: Zum Frechsein gehört auch eine kleine Portion Mut. Manchmal ist das ja auch bewundernswert.

**GÄNSEHAUT** Werden Gänse angegriffen, reißen sie ihren Schnabel weit auf, um sich mit einem Zischlaut zu verteidigen. Das haben unsere Vorfahren als „Gähnen“ gedeutet. Deswegen sind „Gähnen“ und „Gans“ miteinander verwandt. Eine „Gans“ ist eine „Gähnerin“. Liegt so eine Gans dann geschlachtet und gerupft auf dem Marktstand, dann sieht man sofort, woher das Wort „Gänsehaut“ kommt: Von den vielen kleinen Höckerchen und Hubbelchen der nackten Gans, in denen zu Lebzeiten die Federn gesteckt haben.

**GEHEIMNIS** Etwas „heimlich“ zu tun hieß früher nur: etwas zu Hause anstatt auf offener Straße tun, wie etwa Kochen, Backen, Sockenstopfen oder Schuheputzen. Bei diesen Heimarbeiten unterhielten sich die Menschen über alles Mögliche, was draußen und in der Welt so alles vorgefallen war. Ohne solche Neuigkeiten wäre die Heimarbeit ja auch noch langweiliger, als sie sowieso schon ist. Wenn es dann noch um peinliche oder gefährliche Dinge ging, schloss man die Tür, um „im eigenen, geschützten Heim“ nicht belauscht zu werden. Will man sich heute ein Geheimnis weitersagen, passt man auch auf, dass keiner zuhört – man geht am besten „heim“ in sein Zimmer und schließt die Tür gut hinter sich zu.

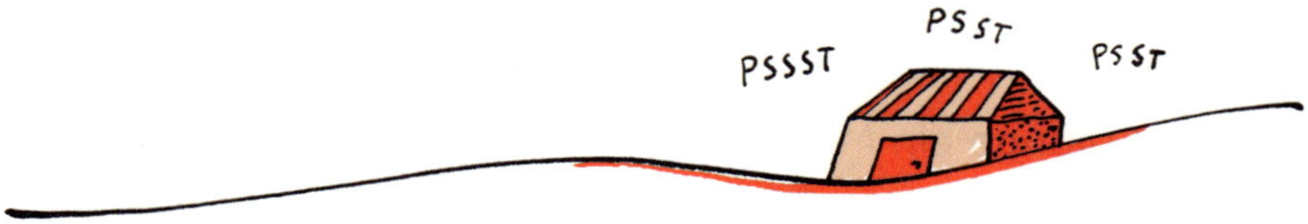


**GEIL** Wie einige andere Wörter, die wir oft sagen, stammt auch „geil“ aus der Welt der Bierbrauereien: „Geil“ kommt von „aufschäumend“. Ein Satz wie: „Du hast aber ein geiles Fahrrad!“ heißt übersetzt: „Du hast aber ein aufschäumendes, brodelndes Fahrrad!“ Oder: „Geil, wir fahren nächste Woche ans Meer“ bedeutet: „Ich koche hoch – wir fahren nächste Woche ans Meer!“

**GESPENST** Um die Herkunft von „Gespenst“ zu verstehen, hilft es, sich ein Bettlaken mit zwei Gucklöchern über den Kopf zu werfen und selber Gespenst zu spielen: Wie die Arme sich ausspannen und mit Hilfe des Betttuchs zu Schwingen werden, die das ganze Zimmer erfüllen! Wie wir uns um uns selber drehen, damit wir uns im Zimmer umschauen können! Das Wort „Gespenst“ ist verwandt mit „spannen“ (was auch „Fallen legen“

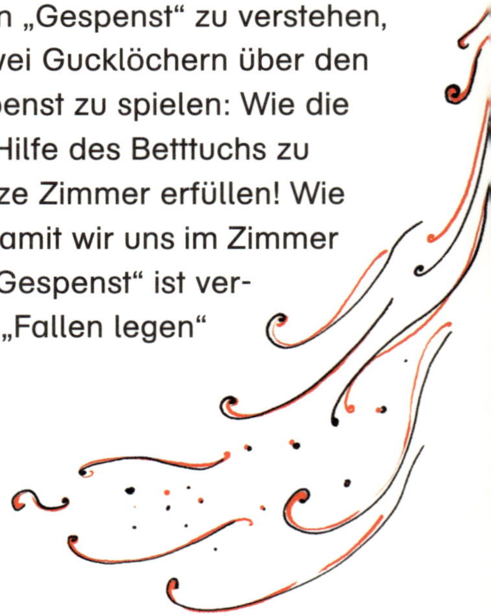

heißt) und „spinnen" (was auch „drehen, winden" bedeutet). Ein Gespenst ist also ein „im Raum schwingendes, drehendes Etwas".

**GOTT** Solange ein Mensch über Gott nachdenkt, so lange weiß er nicht genau, ob es Gott nun eigentlich gibt oder nicht. Wenn dieser Mensch aber anfängt zu beten, also beginnt, Gott anzusprechen, dann spürt er, dass es Gott tatsächlich gibt. In dem Wort „Gott" steckt das uralte Wort für „anrufen", also „beten". „Ghuto" heißt in unserer Ursprache „das angerufene, angebetete Wesen". Und aus „Ghuto" wurde später „Gott".

**GRIPPE** Eine Grippe ist doof. Man muss im Bett liegen, fühlt sich schlapp, hat Fieber. Dabei heißt „Grippe" eigentlich so viel wie „Laune". Ist eine Grippe etwa nur eine Art Einbildung, eine „Laune des Patienten"? Nein, nicht der Kranke, sondern das Grippevirus selbst ist launisch. Heute steckt es dich – und morgen mich an! Wie es dem Virus gefällt. „Grippe" heißt also „Launenhaftes Virusgeplänkel".

**GRUSELIG – GRUSEL – GRAUSEN** Die Wörter grausam, gruselig, Grausen, Grusel und Grauen sind mit dem Wort „grässlich“ verwandt. „Grässlich“ wiederum hängt mit „Gras“ zusammen: Der Grashalm wächst in die Höhe, seine Spitze zeigt nach oben. Wenn wir uns erschrecken, passiert etwas ganz Ähnliches mit unseren Haaren, auch mit den ganz dünnen Härchen an den Armen: Sie richten sich auf und stehen gerade von der Haut ab – so wie der Grashalm von der Erde. Vielleicht sind die beiden Wörter deshalb miteinander verwandt.

**GULLY** Gullys sind Schächte, in denen Regenwasser von der Straße abfließen kann. Ihr Zweck besteht darin, Überschwemmungen auf Straßen zu vermeiden. „Gully“ kommt von lateinisch „gula“, das heißt „Kehle“. Die Kehle ist der Teil im Hals, mit dem wir das Essen runterschlucken. Eine Straße ist im Grunde ein Mund mit einer langen, langen Zunge, der bei Regen Unmengen an Wasser trinkt. Und dieses Wasser schlucken dann die Gullys – „die Gurgeln der Straße“.

**GUT** In dem alten Wort „Gutshof“ verbirgt sich der Sinn von „gut“: Es bedeutet nämlich „mit einem Gatter versehen“, also: „abgezäunt“. Das Urwort „ghed“ heißt „umklammern“, „zusammenhalten“, „passend machen“. Zu der Zeit, als viele Menschen noch Bauern waren, mussten sie sich die raue und gefährliche Wildnis durch Ackerbau und Viehzucht zähmen und „passend“ machen. Wenn etwas für „gut“ befunden wird, dann meint man, dass etwas gut umzäunt, abgegrenzt ist.

H

**HAI** Der Name „Hai“ für den gefürchteten Raubfisch ist von der Insel Island über Holland nach Deutschland gekommen. „Hai“ ist ein Seefahrerwort, es hat mit „hängen“ und „Haken“ zu tun. Der Fisch heißt „Hai“ wegen seiner hakenförmigen Flosse auf dem Rücken. Denn das ist der Teil des Fisches, den der Seemann als Erstes bemerkt. Ein Hai ist also ein „Fisch mit großem Haken“.

**HÄNGEMATTE** Als holländische Seeleute auf einer ihrer Entdeckungsreisen die Insel Haiti durchstreiften, da lernten sie bei den Ureinwohnern der Insel seltsame Schaukelbetten kennen, die dort „Hamaka“ genannt wurden. Das Wort war den holländischen Seeleuten natürlich fremd, aber das dazugehörige Ding sah aus wie eine hängende Matte, was ganz ähnlich klingt wie „Hamaka“. Weil man sich fremde Wörter leichter merken kann, wenn man ein ähnlich klingendes in der eigenen Sprache kennt, wurde die Hamaka einfach „Hängematte“ genannt.

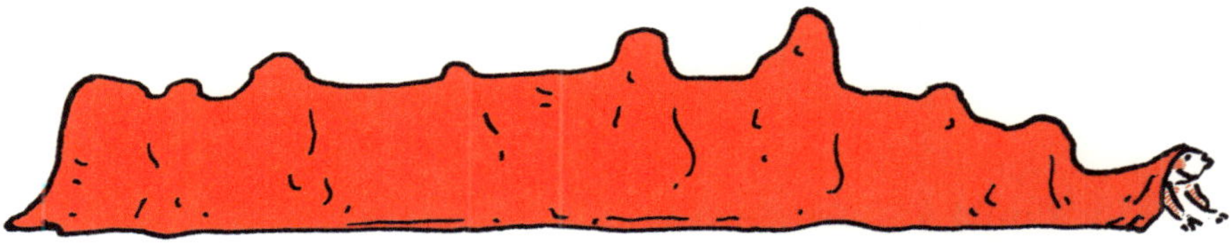

**HAUS, HOSE UND HORT** Was haben diese drei Wörter miteinander zu tun? Sie stammen alle drei von dem Urwort „Skeu“ ab, das heißt „bedecken, umhüllen“. Haus, Hose und Hort sind also drei „Hüllwörter“: „Haus“ meint eine „Hülle für Menschen und ihren Besitz“. Eine „Hose“ – germanisch huson – ist eine „Bein-Hülle“. Und der Hort ist eine „Schutz-Hülle für Kinder“.

**HERBST** Bei uns werden die meisten Früchte im Herbst geerntet: Äpfel, Birnen, Haselnüsse, Pflaumen, Weintrauben und viele mehr. Da ist es nur verständlich, dass das Wort „Herbst“ von dem Urwort „Sker“ kommt, von dem auch die „Schere“ abstammt. Der „Herbst“ ist daher einfach die „Erntezeit“. Das englische Wort für Ernte „harvest“ klingt übrigens fast wie „Herbst“.

**HEXE – ZAUNREITERIN** Als die Menschen noch auf einsamen Bauernhöfen lebten (siehe den Artikel „gut" auf Seite 27), hatten sie auf ihren Wanderungen von Hof zu Hof immer Angst vor Geistern oder anderen bösen Begegnungen. Auf den Zäunen oder Hecken konnte jederzeit ein böses Wesen hocken und den Wanderer erschrecken. Dieses Wesen wurde früher daher „Zaunreiterin" genannt, oder eben Hexe („Heck-se"), weil sie auf den Hecken zwischen den Höfen kauerte und lauerte.

**HOBBY** Ein englischer Graf namens William Hobster züchtete auf seinem Landsitz vor vielen Jahren muntere kleine Pferdchen. Die Leute nannten sie „Hobbys", weil die Familie des Grafen „Hobster" hieß. Die ponyartigen Pferdchen waren so beliebt, dass man sie in Holz nachschnitzte, um sie sich in die Wohnungen zu stellen und kleine Kinder darauf reiten zu lassen. In Deutschland setzte sich dann neben dem hölzernen Schaukelpferd das sogenannte „Steckenpferd" durch, das man sich zwischen die Beine klemmen kann. Und weil die Kinder eben nur so zum Spaß auf den kleinen Hobbys ritten, wurde irgendwann im Lauf der Zeit alles zu einem „Hobby" erklärt, was man einfach nur aus Spaß tut.

**HIMMEL** Lange Zeit stellten sich die Menschen den Himmel als ein gigantisches Gewölbe vor, das sich über die Erde – die man sich als flache Scheibe dachte – wölbt. Möglicherweise hieß Himmel früher „Steingewölbe", nach dem alten griechischen Wort „Akmon", das zugleich „Himmel" und „Stein" hieß. Eine zweite Erklärung lautet: „Himmel" bedeutet „Hülle" und ist mit dem Wort „Hemd" verwandt. Dann wäre der Himmel ein unfassbar großes blaues Hemd, das sich die Erde überzog, damit ihr im weiten Weltall nicht kalt wird.

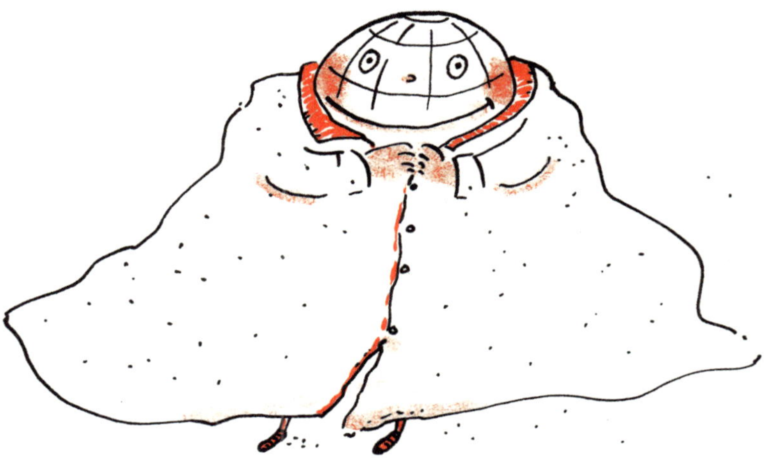

**HÖLLE** Im Mittelalter stellte man sich die Hölle als einen unerträglich heißen Ort mit Kesseln voll kochenden Wassers vor. Dort sitzen die bösen Menschen zur Strafe und müssen schwitzen, dachte man sich. Das Wort „Hölle“ meint aber nicht diese Schwitzküche, sondern im Gegenteil „Totenversteck“ oder „Totenhöhle“. Die alten Germanen sagten zur „Hölle“ noch „Hel“ und verstanden darunter einen Schlupfwinkel, wo ihre Verstorbenen in aller Ruhe tot sein durften.

**HONIG** Die Wortgeschichte von „Honig“ fällt ganz kurz aus: „Honig“ heißt „der Goldene“ oder „Goldsaft“. Wenn man am Frühstückstisch ein Glas Honig der Sonne entgegenstreckt, dann wird jedem klar, warum die alten Germanen ihn so genannt haben.

I

**IDIOT** Im alten Griechenland war „Idiot" alles andere als ein Schimpfwort. Ein Idiot war jemand, der allein lebte, ganz auf sich selbst gestellt. Im alten Rom ist daraus einer geworden, der „keine Ahnung" hat – vielleicht weil er sich zu selten mit anderen Leuten traf. Dieser „Ahnungslose" wurde im modernen England dann ein „Schwachsinniger", der Unfug anstellen durfte, weil man ihn nicht „für ganz gescheit" hielt. Und so hat sich dieses Wort nach zweitausend Jahren umgedreht und bedeutet jetzt genau das Gegenteil.

**INDIANER** Als Christoph Kolumbus im 15. Jahrhundert mit seinen Schiffen westwärts in den Atlantik hinaussegelte, um einen neuen Seeweg nach Indien zu finden, entdeckte er zufällig einen für die Europäer völlig unbekannten Kontinent: Amerika! Das merkte er aber gar nicht. Er dachte, er wäre schon in Indien gelandet. Deshalb nannte er die ersten Menschen, die er dort traf, „Indianer".
Und so heißen sie immer noch,
obwohl inzwischen jeder weiß,
dass Indien ganz woanders liegt.

J

**JA** Irgendwann einmal in der Vorzeit haben die Menschen zu sprechen begonnen. Sie fingen zuerst an, einzelne Laute hervorzustoßen. Am Anfang konnten sie nur über das sprechen, was direkt in ihrer Nähe war. Sie zeigten auf etwas und gaben einen Laut von sich, der damit zu tun hatte. Das kleine Wort „ja“ war ein Zeigewort: Hielt ein Steinzeitmensch seinem Nachbarn einen Feuerstein vor die Nase und japste: „Ja! Ja! Ja!“, dann wusste der: „Mein Nachbar meint den Feuerstein da!“ Aus diesen Draufzeige-Lauten entstanden dann die Wörter für „ja“ in den verschiedenen Sprachen der Erde. Die Russen zum Beispiel sagen praktischerweise gleich „da!“, wenn sie „ja“ sagen. Und die Franzosen bildeten dafür das schwungvolle „oui“ aus.

K

**KACKEN UND KACKE** Nicht nur wir in Deutschland sagen „Kacke“. Schon die alten Römer sagten „Cacare“ zum Kacken, die Russen sagen „kakat“, und die Ungarn „kakalni“. Und in vielen anderen Ländern klingt das Wort ganz ähnlich. Das kommt wahrscheinlich daher, dass „Kacken“ ursprünglich ein „Lallwort“ ist, also ein Wort, das beim Umgang mit Säuglingen entstanden ist. Babys auf der ganzen Welt sagen am Anfang meist dieselben Wörter, nämlich „Mama“ oder „Baba“ (aus dem dann „Papa“ wird) oder eben auch „Gaga!“ Weil man beim Wickeln von Babys besonders viel mit Kacke zu tun hat und weil sie etwas ist, das jeder Mensch kennt, hat sie wohl daher ihren weltumspannenden Namen.

**KÄFER** Es soll auf der Erde über eine Million verschiedener Käferarten geben. Käfer können vor allem eines gut: Sie beißen, nagen und knabbern alles klein. Ob Obst, Regenwürmer oder Kuhfladen: Käfer kriegen alles klein. Ihr Mund hat dafür tüchtige Kiefer zur Verfügung. Kiefer und Käfer – die beiden haben dieselben Wortwurzeln. Ein „Käfer“ ist also ein „Kiefertierchen“.

**KARTOFFEL** Als vor vierhundert Jahren spanische Seefahrer außerordentlich nahrhafte südamerikanische Knollen nach Europa brachten, wollten auch die Deutschen diesen „Erdfrüchten" einen Namen geben. Von den Italienern übernahmen sie dafür das Wort „tartufolo", was eigentlich „Trüffel" heißt (ein Trüffel ist ein unterirdisch wachsender Pilz). Sie nannten die Knolle „Tartuffel" oder „Tartüffel". „Trüffel" wiederum kommt von lateinisch „tuber", was „Beule", „Höcker" oder „Knolle" bedeutet. Eine Kartoffel ist also eine „Wurzelbeule", eine „Höckerknolle".

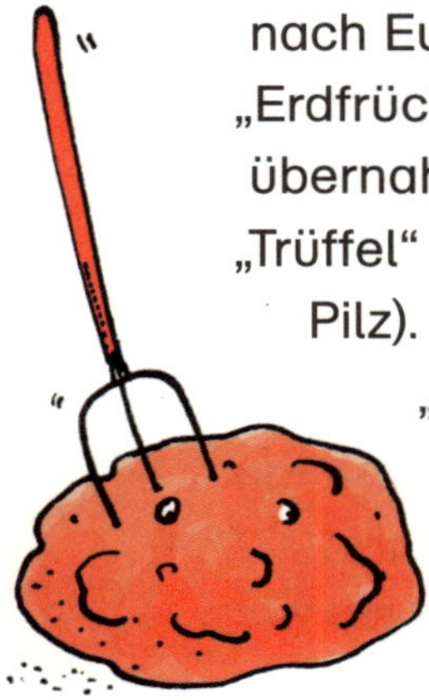

**KARUSSELL** Als es bei uns noch alle paar Kilometer größere und kleinere Fürsten gab, die in Schlössern und Schlösschen wohnten, waren prächtige Pferdekutschen mit Schnitzschmuck und vergoldeten Rädern unterwegs. Man nannte sie „Karossen". Die Fahrzeuge der ersten Karussells sahen diesen reichverzierten Karossen ähnlich. Der Karussellfahrer sollte sich so fühlen, als säße er auch in einer solchen schicken Prunkkutsche. Ein Karussell ist also ein pferdeloser „Prunkkutschenspaß".

**KATZE** Sie streifen umher, wo es ihnen gefällt. Sie machen immer, was sie wollen, kommen und gehen, und manchmal verschwinden sie einfach. Unsere Hauskatze stammt ursprünglich aus Nordafrika. Auf versteckten Schleichwegen, Hexenrücken und Eselskarren kam sie überall herum in der Welt. Und so verbreitete sich auch ihr Name in den verschiedenen Ländern: in Griechenland heißt sie „katta“, in England „cat“, in Frankreich „chat“ und in Schweden „katt“. Genau so, wie Katzen manchmal verschwinden, ist auch der Ursprung ihres Namens im Laufe der vielen Jahre verloren gegangen. Das passt zu ihr.

**KEKS** Wenn eine Mutter ihre Tochter fragt: „Möchtest du noch einen Keks?“, so ist das im Grunde Unfug: Als die Deutschen das englische Wort „cake“ für „Kuchen“ übernahmen, um für das damals neuartige britische Teegebäck ein eigenes deutsches Wort zu erhalten, haben sie aus Versehen nicht „cake“, sondern „cakes“, die Mehrzahlform von „cake“, übernommen. „Einen einzelnen Keks“ gibt es daher gar nicht. Denn der müsste eigentlich „Kek“ heißen. Und deshalb müsste man eigentlich auch sagen: „Du gehst mir auf den Kek!“

**KETCHUP** An der Schreibweise von „Ketchup" erkennt man leicht die englische Herkunft dieses Wortes: „to catch", eingedeutscht: „catchen" bedeutet „fangen" und „up" heißt „auf". „Ketchup" heißt also „Fang auf". Was hat das mit der beliebten Tomatentunke in Flaschen zu tun? In englischen Großfamilien ist es üblich, bei Tisch, wenn es Pommes frites zum Essen gibt, sich gegenseitig die Ketchupflasche zuzuwerfen. Dabei ruft man sich zu „catch up" – „hier, fang auf – greif zu!"

**KIOSK** Der Name Kiosk stammt aus dem alten Persien: „Kusk" hieß dort eine lauschige Hütte im Park, wo man sich die Zeit mit Pfirsichlimonade und Plaudereien vertreiben konnte. Das Wort wanderte nach Westen in die Türkei, wo es in „Kosk" verwandelt wurde. Über Frankreich („kiosque")

kam es nach Deutschland, wurde zu „Kiosk“ – und zu einem Namen für eine „Zeitungsbude an der Ecke“. Raus aus dem Park – mitten hinein ins Straßengewühl – so kann's gehen.

**KITZELN** Neuerdings sagen viele Leute nicht „Kinder“, sondern „Kiddies“. Das Wort „kid“ kommt aus England. Das Wort „kid“ ist mit „Kind“, aber auch mit „Rehkitz“ verwandt. Und jetzt kommt die Verbindung zum Kitzeln: Babys und kleine Kinder – „Kids“ oder „Menschenkitze“ werden bekanntlich von ihren Eltern ständig gehätschelt und geknuddelt. Man könnte auch sagen: Mama und Papa „kindeln“ mit ihrem Kind, sie kiddeln – kidseln – kitzeln es.

**KLO** Es gibt Augenblicke, da möchte ein Mensch allein sein. Ein Kloster lädt dazu ein. Dort leben Mönche und Nonnen abgeschlossen von der Außenwelt. Menschen, die viel Stress bei der Arbeit haben, gehen hin und wieder „in Klausur“. Dann ziehen sie sich vom Büroalltag zurück, um ungestört nachzudenken oder eine bestimmte Arbeit zu Ende zu bringen. Ein dritter Ort für das Alleinsein neben Kloster und Klausur ist das Klo. Früher nannte man es auch „Klosett“. Die drei Wörter stammen alle von lateinisch „claudere“ für „einschließen“. Ein Klo ist also eine „Schließkabine“.

**KOBOLD UND ZWERG** Das Wort „Kobold“ setzt sich aus den beiden Wörtern „Koben“ für „Hütte oder Häuschen“ und „hold“ für „Geist“ zusammen. Jetzt wird klar: Ein Kobold ist ein „Hausgeist“. Der Zwerg (von germanisch „dwerga“) hat seinen Namen vermutlich vom Wort (be-)„trügen“. Früher glaubten die Menschen, dass Zwerge und Kobolde innen in den Bergen wohnten. Wenn die Bergleute damals bei ihrer harten Arbeit im Grubenschacht auf wertlose Metalle stießen, dachten sie, dass die Zwerge und Kobolde sie damit ärgern wollten. Noch heute verraten das die beiden Gesteinsnamen „Kobalt“ und „Quarz“. „Kobalt“ kommt von „Koboldstein“, und „Quarz“ bedeutet „Zwergengestein“.

**KOTZEN** Wenn man zu viel Süßigkeiten isst oder ein bestimmtes Essen nicht verträgt, muss man sich übergeben. Dafür gab es früher das Wort „koppen“ – für manche Leute ist das noch heute ein Wort für Rülpsen. Ein heftigeres Koppen hieß „koppezen“, was „speien“ bedeutete. Aus „Koppezen“ entwickelte sich dann unser heutiges Wort „kotzen“.

**KRAN** In Brandenburg und auch in Mecklenburg krähen sie ihren Ruf „kraa-niieh!“ von so manchem Hügel: die Kraniche, die größten Vögel Mitteleuropas. Ihre langen Hälse und Schnäbel brachten im Mittelalter einen Baumeister darauf, ein damals neuartiges Baustellengerät zum Heben großer Lasten „Kranich“ zu nennen – den „Kran“. Der Kran, den wir auf Baustellen sehen, ist also eine Abkürzung des Wortes „Kranich“. Wer ganz genau sein will, nennt ihn „Baukranich“.

**KROKODIL** In Griechenland leben viele Eidechsen. Sie flitzen in den Weinbergen über Mauerritzen, und man sieht ihre glänzenden Schuppen in der Sonne blitzen. Die trockene Umgebung brachte die Griechen darauf, aus ihren Wörtern für „Kies“ und „Wurm“, „kroke“ und „drilos“, den Kieswurm zu machen, den „Krokodilos“. Irgendwann übertrugen sie das Wort auf die größten Echsen der Gegenwart, die Krokodile. Ein „Krokodil“ ist also ein „Riesenkieswurm“.

**KUNTERBUNT** Pippi Langstrumpf wohnt in der „Villa Kunterbunt“. Die Villa heißt so, weil sie sehr bunt und sogar mehr als bunt, eben „kunterbunt“ angestrichen ist. Dabei bedeutet „kunter-bunt“ eigentlich „kontra-bunt“, also „gegen-bunt“. Damit sind Farben gemeint, die sich anderen Farben entgegensetzen. Zum Beispiel Weiß gegen Schwarz, Rot gegen Grün oder Blau gegen Gelb. Und wenn viele Farben aufeinandertreffen, dann gibt es ein kunterbuntes Durcheinander.

**LAWINE** In der Schweiz sprechen die Menschen vier verschiedene Sprachen: Deutsch, Französisch, Italienisch – und Rätoromanisch. Diese vierte Sprache wird nur in ganz wenigen Bergtälern gesprochen. Viel Platz gibt es da nicht – aber viel Schnee! Kein Wunder, dass dort das Wort „Lavina" erfunden wurde. Dieses Wort heißt „Erd- oder Schneerutsch" und ist vermutlich das einzige Wort, das aus der rätoromanischen Sprache ins Deutsche aufgenommen wurde.

**LECKER** Hier kommt die mit Abstand einfachste Worterklärung dieses Buches: „Lecker" kommt von „lecken" und heißt: „etwas, das man gerne ablecken möchte". Seltsam, dass es neben „lecker" und „lecken" nicht noch andere solche Wortzwillinge gibt. Wie wäre es mit „knabbern": „Das schmeckt aber knabber!" oder „lutschen": „Das Eis hat richtig lutscher geschmeckt!"? Das Urwort von „Lecken" und „Schlecken" heißt „sleigh" – ein richtiges Schleckermäulchen-Wort.

**LÖWENZAHN** Eigentlich könnte der Löwenzahn auch ganz anders heißen, zum Beispiel „Sonnenblume". Immerhin blüht er heller und gelber als die große Blume, die so heißt.

Er könnte auch „Milchling" oder „Milchblume" heißen, wegen des milchigen Saftes in seinem Stängel. Aber er heißt Löwenzahn, weil seine Blätter so viele scharfe Zacken zeigen. Und dieser Anblick erinnert an das aufgerissene Maul eines brüllenden Löwen.

**LOKOMOTIVE** Da viele Leute nur noch kurz „Lok" sagen, könnte man meinen, eine Lok sei etwas, das die Menschen in die Ferne lockt. Aber nein: „Locus" heißt auf lateinisch „Ort". Und „Movere", ebenfalls lateinisch, heißt „bewegen". Zusammengesetzt zu „Lokomotive" bedeutet das: eine „Lokomotive" ist eine „Orts-Bewegerin".

M

**MAMA** Das erste Wort, das viele Kinder sagen, ist „Mama“, und das nicht nur in Deutschland, sondern in vielen Ländern auf der Welt. „Mamma“ ist ein altes lateinisches Wort und heißt auch „Mutterbrust“. Die Brust ihrer Mama ist für die meisten Babys das Allererste, Allerbeste und Allerwichtigste, was es in ihrem jungen Leben gibt. Da ist es für den Anfang praktisch, wenn beide gleich heißen. Warum aber sagen kleine Kinder „Mama“? Da können wir nur raten: Es ist ein kurzes und gemütliches Wort und lässt sich von allen Wörtern auf der Welt am leichtesten aussprechen – wie geschaffen für die wichtigste Person, die man bislang kennt.

**MAUL** „Maul“ hat sich aus dem Urwort „mu“ entwickelt. „Mu“ bedeutet zunächst nichts außer eben „Mu“. Wenn man seine Lippen spitzt und dann mit der Stimme einen Ton macht, dann kommt dieser Laut heraus. Viele Wörter kommen von „Mu“: „muhen“, „muffeln“, „mucksen“ – und eben auch das Wort „Maul“. Ein Maul ist also zunächst einmal eine „Mu-mach-Maschine“.

**MAULWURF** Ein Maulwurf ist ein Tier, das mit dem Maul Erde aufwirft, oder? Falsch! Tatsächlich wirft der Maulwurf mit seinen Schaufelpfoten die Hügel auf. Er müsste daher eigentlich „Schaufelpfotenwurf" heißen. Das „Maul" in „Maulwurf" kommt nicht von „Mund" oder „Schnauze", sondern von einem Urwort für „Haufen" – „muwa". Daraus wurde später „mow". Und von dort war es nur noch ein kurzer Weg zu „Maulwurf" – oder „Haufenwerfer".

**MEERSCHWEINCHEN** Wegen seiner dicken Speckschicht hieß er früher auch „das Schwein des Meeres" – der Delphin. Als die Europäer in Amerika auch das Stachelschwein entdeckten, nannten sie dieses Tier zunächst auch „Meerschwein". Weil es aus dem Land „über dem Meer", aus Übersee, kam. Noch etwas später kamen kleine Nagetiere nach Europa, die wie Mini-Stachelschweine aussahen, nur ohne Stacheln. Die nannte man einfach „Meerschwein-chen". Quieken können beide Meerschweinarten.

**MOND UND MONAT** „Der Mond ist aufgegangen" – dieses Lied könnte auch heißen: „Der Mond ist losgegangen". Denn „Mond" geht möglicherweise genau wie „Monat" auf das Urwort „menot" zurück, und dieses kommt wiederum von „med", das heißt „wandern". Der Mond ist also ein „Himmelswanderer". Wenn er einmal um die Erde gewandert ist, ist ein Mond und damit auch ein Monat vorbeigegangen.

**MÜLL** Wenn wir unseren Gelben Sack vor dem Haus abstellen, kommen wir kaum auf den Gedanken, dass „Müll" vor langer Zeit einmal so etwas wie „Mehl" bedeutete, nämlich: „Zermahlenes, Zermalmtes". „Müll" und „Mehl" kommen beide von „mahlen". Daher kommt es auch, dass es zum Getreidemahlen den Beruf des „Müllers" gibt, den man nicht mit dem „Müllmann" verwechseln darf. Der Müller sorgt dafür, dass aus Getreide Mehl wird, und der Müllmann sorgt dafür, dass unser Müll klein gemacht und entsorgt wird. Wer im Garten einen Komposthaufen hat, kann zugucken, wie der Müll das auch alleine hinkriegt: Biomüll bröckelt und bröselt so lange vor sich hin, bis er sich zerkrümeln lässt.

**MURMELTIER** Kein Mensch hat jemals ein Murmeltier vor seinem Bau hocken und mit Murmeln spielen sehen. Murmeltiere murmeln auch nicht vor sich hin, sondern stoßen gellende Pfiffe aus. Was bedeutet also „Murmel“ im Wort „Murmeltier“? „Murmel“ ist mit dem Gesteinsnamen „Marmor“ verwandt – und das heißt einfach „Fels“. Ein Murmeltier ist also ein „Marmortier“ oder eine „Felsmaus“. Wenn zufällig einmal ein rundes Steinchen vor den Eingang zu seinem Bau kullert, dann spielt das Murmeltier vielleicht doch zwischendurch heimlich mit Murmeln.

**MUSLIM / MOSLEM** „Muslim“ ist ein arabisches Wort für einen Menschen, der sich „Gott ergeben“ hat. Die beiden Wörter „Muslim“ und „Islam“ haben mit der Bedeutung von „sich hingeben“ oder „Hingabe“ zu tun. Das heißt: Ein Muslim oder Moslem glaubt an Gott, denkt viel an ihn und betet zu ihm.

N

**NEIN** Das Wort „nein“ ist eigentlich zusammengesetzt aus „nicht“ und „ein“. Am Anfang konnten die Menschen nur zu solchen Dingen „Nein!“ sagen, die ganz nah bei ihnen waren. Wenn zum Beispiel ein Bauer die Frage: „Hast du Kühe?“ verneinen wollte, dann musste er auf die Kuh eines andern zeigen und sagen: „Nicht eine!“ Weil wir Menschen faul sind, ziehen wir Wörter gerne zusammen, damit wir weniger sagen müssen. So wurde auch aus „nicht“ und „ein“ irgendwann das knappe, praktische „nein“.

**NUDEL** „Nudel“ kommt von „nudus“. Das ist ein altes Römerwort und bedeutet „nackt“. Die Endung „-el“ in der „Nud-el“ sagt, dass es hier um ein Kleines, Niedliches geht – so wie bei Hänsel für „kleiner Hans“ und Gretel für „kleine Grete“. Nudeln sind also „Nackerlinge“ oder „kleine Nackedeis“. Weichgekochte Nudeln erinnern ja wirklich an nackte Haut. Deshalb gibt es dazu auch meistens Soße zu essen: als wärmendes, fließendes Kleid für splitternackte Nudeln.

O

**ÖL** Die alten Germanen haben Öl zum ersten Mal bei den Römern kennengelernt. Die pressten es aus Oliven aus. „Öl" bedeutete für die Germanen daher „Schmalz aus Oliven". „Sonnenblumenöl" heißt also eigentlich „Sonnenblumenolivenschmalz" und Motorenöl wäre dann ganz logisch „Motorenolivenschmalz".

**OSTERN** Im Osten geht die Sonne auf. Erst ist der Himmel noch dunkel. Dann dämmert am Horizont ein schmaler Streifen aus Morgenlicht auf. Bis irgendwann die Morgenröte den Himmel einfärbt. Das griechische Wort „Eos" heißt auf Deutsch „Morgenröte". „Eos" ist mit „Osten" und mit „Ostern" verwandt. Ostern bedeutet „Fest der Morgenröte". In der Bibel wird erzählt, wie Jesus Christus zu Ostern wieder lebendig geworden ist, nachdem er zwei Tage tot gewesen war. Er kam wieder ins Leben zurück wie ein herrlicher Sonnenaufgang.

**PALME** Das lateinische Wort „palma“ bedeutet „flache Hand“. Wenn man die Hand flach ausstreckt, stehen alle Finger nach außen ab. Ähnlich wie bei einer großen Palme, deren lange schwere Riesenblätter wie die Finger von einer Hand abstehen. Eine Palme ist also ein „Fingerbaum“.

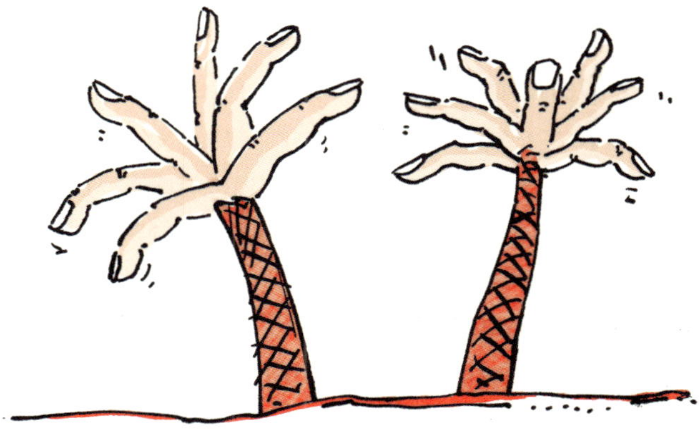

**PAMPE – PAPPE** Eine Pampe ist ein Brei, etwas Zähflüssiges für kleine Kinder, die davon essen können, bis sie pappsatt sind. Schon die Mamas und Papas im alten Rom haben sich das Wort „pappa“ für den Brei ausgedacht, weil es sich so schön von Babys und Kleinkindern nachlallen lässt. Die „Pappe“ kommt auch von diesem Wort, denn bevor sie trocken und fest wird, ist die Pappe eine Pampe aus Kleisterbrei und Papierstückchen.

**PIMMEL** Eine Glocke besteht aus zwei Teilen: aus der Glockenhaube und aus einem Klöppel. Der Klöppel lässt es „bimmeln“, indem er hin und her schlenkert und an den Rand der Glockenhaube stößt. Und genau das tut der „Pimmel“ auch, wenn er an den Hoden entlang schlenkert. Nur, dass dabei kein Ton erklingt. Das ist bestimmt auch besser so.

**PIPI** Manchmal können Wörter sehr treffend Geräusche nachahmen. Ein Beispiel dafür ist das Wort „Pipi“ mitsamt seinen Nachfolgern „pinkeln“ und „pissen“. Das „i“ in „Pipi“ ähnelt dem Geräusch, das man beim Wasserlassen hören kann. Auch bei dem groben Wort „pissen“ ging es erst mal nur darum, dieses Geräusch nachzumachen. Wenn man leise und schnell „pisspisspisspisspisspiss“ vor sich hin sagt, muss man schon fast auf die Toilette gehen, so ähnlich klingt es. Übrigens: Im Wort „pieseln“ sind die beiden Wörter „pinkeln“ und „nieseln“ miteinander verschmolzen worden.

**PIRAT** Ein Pirat ist ein richtiger Draufgänger. Ein Mann mit Säbel und Dolch am Gürtel, der ohne jede Angst auf ein fremdes Schiff hinüberspringt, um es zu entern. Und das, obwohl er ein Holzbein hat und eine Augenklappe trägt. So ein Pirat wagt einfach alles. Und daher kommt auch sein Name – von griechisch „peiran", das heißt „wagen".

**POPO** „Popo" war zu Beginn ein ehrwürdiges altes Römerwort und lautete „Podex", was einfach „Hintern" bedeutet. Aber passt „Hintern" oder „Podex" zu kleinen Kindern, die gerade mal ihre ersten Windeln verbrauchen? Nein, Popo klingt viel niedlicher.

**PUDDING** Ein Pudding in Deutschland und ein Pudding in England schmecken ganz und gar unterschiedlich: Der deutsche Pudding schmeckt süß, während der englische aus Wurst- und Gemüsestückchen besteht, die in eine vorbereitete Mehlsoße eingerührt werden. Das Wort kommt von dem englischen „Put in". Es heißt auf Deutsch: „Tu rein". Der Pudding war nämlich früher ein Resteessen, in das alles hineinkam, was noch so in der Küche herumlag. Ein „Pudding" ist ein „Tu-rein-Pott".

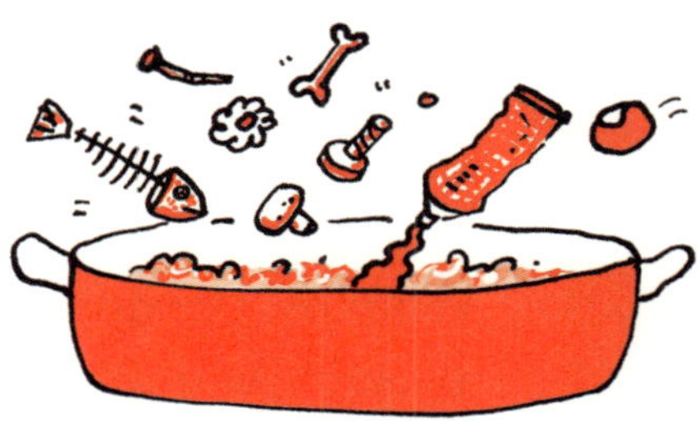

**PUDEL** Alle Hunderassen stammen vom Wolf ab. Die Züchter haben die verschiedenen Sorten von Hunden oft für bestimmte Aufgaben gezüchtet. Pudel waren früher Jagdhunde, die besonders gut im Wasser jagen konnten. „Pudel“ ist mit dem englischen Wort „puddle“ verwandt, und „puddle“ heißt „Pfütze“. Ein „Pudel“ ist also ein „Pfützenhund“.

**PUPPE UND PUPILLE** Eine Puppe ist eigentlich ein kleines Mädchen. Die alten Römer sagten zu Mädchen „Puppa“. Der Name wurde dann auf das Spielzeugmädchen, die Puppe, übertragen. Ein noch kleineres Mädchen hieß im alten Rom „Pupilla“. Was hat das mit der Pupille im Auge zu tun? Ganz einfach: Wenn zwei Menschen sich ganz nah in die Augen schauen, dann können sie sich selbst in der Pupille des anderen gespiegelt sehen – wie ein winzig kleines Püppchen.

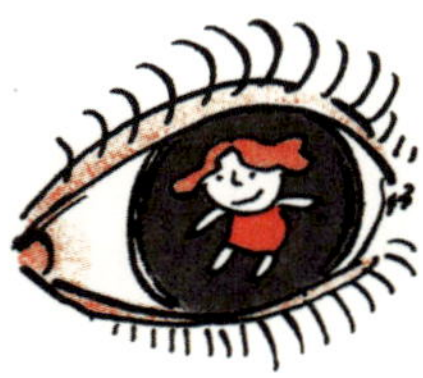

**PUPS – PUMPERNICKEL** Ein Pups hieß in früheren Zeiten Pumpf oder auch Pumps. (Vielleicht waren die Pupse in früheren Zeiten stärker als heute, und hatten deshalb so markige Namen?) Wenn jemand einen „Pumpf“ ließ, so nannte man das „pumpern“. Um nun das Wort „Pumpernickel“ zu verstehen, muß man wissen: ein weit verbreiteter Vorname war „Nikolaus“, kurz „Nickel“ genannt. Das kleine runde, dunkle Brot mit Namen „Pumpernickel“ heißt also „pupsender Nikolaus“. Das bedeutet: Von diesem Brot kriegt man einen kleinen Kobold mit Namen Nikolaus in den Bauch, der dauernd macht, dass man pupsen muss.

**PUZZLE** Wer aus fünfzig, hundert oder tausend kleinen Teilchen ein ganzes Bild zusammenfügen will, braucht viel Geduld. Und er ist oft verwirrt, weil viele Teile erst so aussehen, als passten sie – und dann passen sie doch nicht. „Verwirren“ heißt auf Englisch „to puzzle“. Ein „Puzzle“ ist also ein Verwirrspiel, ein Verwirrbild.

Q

**QUATSCH** Quatsch machen ist dasselbe wie „Unsinn machen", das weiß jeder. „Mensch, jetzt red doch keinen Quatsch!" heißt: „red keinen Blödsinn" (zu „blöd" siehe Seite 9). Aber warum heißt es „Quatsch"? Das hat zwei Gründe: Das Wort kommt erstens von dem Geräusch, das entsteht, wenn man mit Gummistiefeln durch Schlamm oder Matsch trampelt. „Quatschen" ist ein norddeutsches Wort dafür. Und zweitens hatte Quatsch früher auch mit Kacke zu tun. „Kot", das etwas feinere Wort für Kacke, und „Quatsch" kommen beide von „quat". Und das bedeutet Dreck oder Schmutz. Ein Quatsch ist also eine Art „Plätschermatschepampe". Und „Quatsch machen" heißt so etwas wie: „im Dreckmatsch rumtrampeln, dass es nur so schmatzt".

R

**RAD** Schon immer bedeutete „Rad“ (früher auch „rat“ geschrieben) im Deutschen ein kullerndes Etwas. Das Urwort dafür war „roto“ für „Rolle“ oder „Rad“. Wir sagen ja auch „rotieren“, wenn etwas sich dreht. „Gerade“, „rasch“ und „Überraschung“ sind ebenfalls mit dem Rad verwandt: Eine „gerade“ Linie ist eine Linie, auf der das Rad vor sich hin rollen kann. Etwas passiert „rasch“, wenn es so schnell geht, wie ein rollendes Rad fahren kann. Und eine Überraschung ist das, was uns plötzlich überrollt.

**RADIERGUMMI** „Radieren“ stammt von dem alten Römerwort „radere“ ab, mit dem letztlich wohl auch das Wort „Ratte“ zusammenhängt. Denn „radere“ bedeutet „kratzen, nagen, schaben“. Wie die Ratte alles durchnagt, abkratzt, wegschabt, was ihr vor die Zähne kommt, so schabt und kratzt der Radiergummi die Bleistiftspuren vom Papier. Man nennt ihn auch „Ratzefummel“ – vielleicht, weil die Ratte in alten Geschichten auch „Ratz“ heißt?

**RAKETE** Niemand denkt bei der Rakete an Dornröschen. Und doch haben die beiden etwas gemeinsam. Das ist die Spindel: das Stäbchen am Spinnrad, an dem sich Dornröschen im Märchen den Finger blutig sticht. Wer sich eine Spindel anschaut, sieht aber die Ähnlichkeit: Wenn genug Faden auf dem Stäbchen aufgewickelt wurde, sieht die Spindel tatsächlich ein bisschen wie eine Weltraumrakete aus. Spindel heißt auf Italienisch „rocca“ oder „rocchetto“, und dieses Wort gab der Rakete ihren Namen. Eine Rakete ist also eine Art „Weltraumtaugliche Riesendornröschenspindel ohne Faden“.

**REGEN** Was tut der Regen? Er lässt Blumen, Gras und Bäume wachsen. Deshalb heißt es auch: „Regen bringt Segen“. Wir fangen mal von hinten an, mit dem „-gen“ im Wort „Re-gen“: Immer, wenn irgendwo ein „-gen“ in einem Wort (wie autogen) vorkommt, heißt das soviel wie: „da wächst etwas“ oder: „da wird etwas geboren“(bei autogen: „aus sich selbst geboren“). Und die lateinische Silbe „Re-“ heißt immer, dass etwas wiederkommt, zurückkehrt oder neu anfängt. Wenn man nun die beiden Silben „Re-“ und „-gen“ zusammennimmt, dann versteht man unter Regen dasjenige, das alles wieder (Re) wachsen (-gen) lässt.

**RITTER** Ein „Ritter" ist eigentlich nur einer, der reitet, ein „Reiter", nichts weiter. Und doch ist ein Ritter mehr als das. Jederzeit bereit, also fertig zum Ausreiten. Aber wozu? Nicht nur, um sich die schöne Gegend anzuschauen, sondern um gute, ritterliche Taten zu vollbringen: ein Burgfräulein im Wald vor einem wilden Wolf bewahren, und anderes mehr. „Reiten" selbst ist wiederum nah mit „Reisen" verwandt. Ein „Ritter" ist daher ein zum Reisen und zu allen möglichen Taten bereiter Reiter.

**ROBOTER** Dieses Wort stammt aus Tschechien. Lange, bevor Robotermaschinen erfunden wurden, die an Schrauben drehen können wie ein Mensch, also lange vor unserer Zeit, gab es schon das Wort „robot". Ein „Robot" war im Mittelalter ein Knecht – jemand, der ganz hart arbeiten musste. Und wenn man die Wörter „Roboter" und „Arbeit" kurz hintereinander ausspricht, kann man hören, dass auch unser Wort „Arbeit" von „robot" herkommt.

**ROTZ** Rotz – das klingt nicht sehr lecker. Vor mehr als tausend Jahren sagten die Deutschen „ruzan“ zu dem, was wir heute „Schnarchen“ nennen. Und wenn jemand richtig kräftig schnarcht, spuckt und röchelt er dabei auch oft. Der Rotz war das „Herausgeschnarchte“, nämlich Schleim und Spucke. Seit einiger Zeit ist der „Rotz“ nur noch das, was aus der Nase kommt, auch und gerade, wenn man nicht schläft.

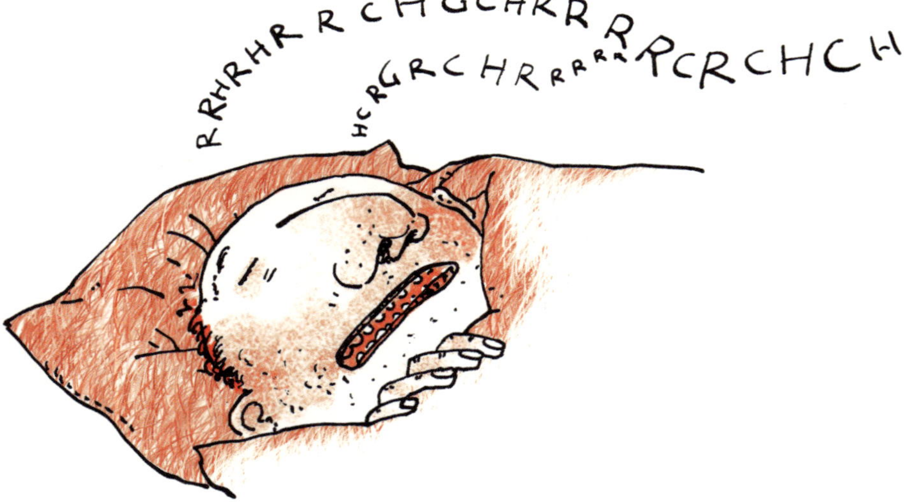

**SALAMI – SALAT – SALZ** Früher, als es noch keine Kühlschränke gab, war Salz fast das Allerwichtigste am ganzen Essen. Denn ohne Salz wäre vieles ganz schnell verdorben. Weil man ohne Salz gar nicht erst Wurst machen könnte, steckt es auch in der Salami drin – nach „sal", dem alten Römerwort für Salz. Auch der Salat heißt Salat, weil er meistens aus gesalzenen Zutaten gemacht wird.

**SCHMETTERLING** Nicht nur „Roboter" und „Arbeit" – auch das Wort „Schmetterling" kommt aus Tschechien. Bevor es Kühlschränke gab, wurde frische Milch in großen Milchkannen aufbewahrt. Hungrige Falter setzen sich auf die Kannenränder und naschten von dem süßen Milchrahm. Sahne oder Rahm heißt auf Tschechisch „Smetana". In Sachsen wird Sahne immer noch „Schmetten" genannt. Von Sachsen aus kam das Wort nach ganz Deutschland. Ein Schmetterling ist also ein „kleiner Sahneräuber".

**SCHOKOLADE** In Amerika lebten früher viel mehr Indianer als heute. In Mexiko wohnte zum Beispiel der Stamm der Azteken. Die Azteken hatten hohe Pyramiden und riesige Goldschätze, und deshalb wurden sie von den Eroberern aus Europa verfolgt und getötet. Es gibt nur noch ganz wenig, was uns an sie erinnert. Immerhin aber ein ganz wichtiges Wort: Die Azteken kochten ein Getränk aus Kakaobohnen und nannten es „Xocolatl." „Xoco" hieß bei ihnen „bitter" und „atl" hieß Wasser. Pure Kakaobohnen sind tatsächlich sehr bitter. Bis aus dem indianischen „Bitterwasser" unsere Schokolade wurde, musste noch sehr viel Zucker und Milch hineingekippt werden.

**SOMMERSPROSSEN** Wer Soja- oder Kressesprossen kennt, der weiß: Das Wort „Sprossen" muss etwas mit „sprießen" zu tun haben. Sprossen sind kleine Pflänzchen, die sich durch die Erde ans Licht kämpfen. Sommersprossen gibt es nur im Sommer, sonst hießen sie ja Wintersprossen. Sie sprießen nicht aus der Erde, sondern manchen Leuten auf der Nase, als lustige kleine Pünktchen. Diese Leute sind sehr wichtig! Sie sorgen jedes Jahr dafür, dass es überhaupt Sommer werden kann. Denn erst wenn auf genügend Menschen eine bestimmte Menge Sommersprossen sprießt – dann ist der Sommer da!

**SOS** Mit Taschenlampen kann man nicht nur im Dunkeln etwas suchen, sondern auch Morsezeichen geben. Das sind Lichtsignale, die etwas Bestimmtes bedeuten. Für Seeleute gibt es ein ganzes Alphabet aus solchen Lichtsignalen. Der Buchstabe S wird durch drei lange, das O durch drei kurze Blinkzeichen hintereinander geschrieben. So kann auf See jeder ein „SOS“ im Dunkeln lesen. SOS ist eine Abkürzung aus dem Englischen und heißt: „S-ave O-ur S-hip“ für „Rettet unser Schiff“ oder auch „S-ave O-ur S-ouls“ für „Rettet unsere Seelen!“

**STERBEN** Wenn ein Mensch stirbt, wird sein Körper kalt und steif. „Sterben“ und „starr werden“ kommen von demselben Wort: „Steu“. Es bedeutet „steif“. Sterben heißt also „Steif und starr werden“.

**SUPPE** „Hör auf zu schlürfen!" Diesen Satz hören Kinder manchmal, wenn sie Suppe essen. Aber ist es denn wirklich so unpassend, eine Suppe zu schlürfen? Die Wörter „Suppe", „schlürfen", „saufen" und „Saft" kommen alle von dem Urwort „seu". Es heißt „saufen, aussaugen, schlürfen". Eine „Suppe" ist also eine „Saufe" oder eine „Schlürfe". Und eine „Schlürfe" ist nun mal zum „Schlürfen" da.

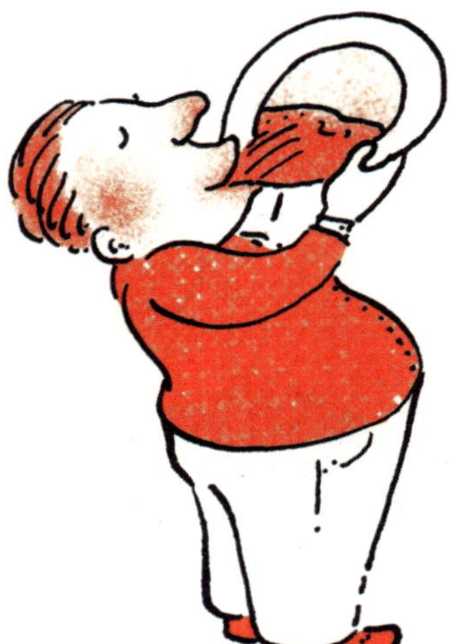

**TAUFE** Bei der Taufe in der Kirche wird der Täufling (der Mensch, der getauft wird) heutzutage meistens nur mit ein paar Tropfen Wasser aus dem Taufsteinbecken bespritzt. Diese wenigen Tropfen waren zu Beginn der Taufgeschichte noch ganze Wassermassen. „Taufe" gehört zu Wörtern wie „tief" oder „tauchen". Die ersten Täuflinge waren auch keine kleinen Kinder, sondern Erwachsene. Sie wurden tief ins Taufwasser eingetaucht. Eine „Taufe" ist ursprünglich also eine „Tauche".

**TAXI** Ein Taxi ist ein ganz normales Auto, mit einem Unterschied: Vorne beim Fahrer ist ein Gerät, so groß wie ein Autoradio, mit einer kleinen, leuchtenden Anzeigetafel. Dieses Gerät heißt „Taxameter" – auf Deutsch: „Preismesser". In vielen Ländern wurde „Taxameter" im Lauf der Zeit zu „Taxi" verkürzt. Ein „Taxi" ist nach dieser Erklärung also ein „Preisanzeigeauto".

**TEDDYBÄR** Früher gab es einen amerikanischen Präsidenten, der hieß Theodor Roosevelt. Und es gibt bis heute eine Stofftierfabrik in Süddeutschland, die heißt „Steiff". Als dort die ersten Plüschbären gemacht wurden, war Theodor Roosevelt gerade Präsident. Teddy – so nannten die Leute ihn – ging gerne auf Bärenjagd. Er traf aber nicht besonders gut. Die Zeitungen machten sich darüber lustig: Sie zeichneten den Präsidenten Teddy zusammen mit einem Plüschbären von Steiff. Den Bären nannten sie „Teddys Bär". Seitdem heißen alle Plüschbären „Teddybär". Ein Teddybär ist also ein „Bärenjäger-Präsidentenschmusebär".

**TELEFON** Das Telefon wurde in den USA erfunden. Sein Name kommt aber aus dem Griechischen. „Telephon" ist aus zwei Wörtern zusammengesetzt worden: aus „tele" für „weit" und „phonomai" für „ich töne". Ein Telefon ist ein „Weittöner", ein „Fernsprecher".

**TERRORIST** Terroristen sind Menschen, die Terror verbreiten. „Terror" ist lateinisch und heißt „Schrecken". Wenn ein Terrorist eine Bombe explodieren (siehe Seite 18) lässt, dann will er, dass alle vom Schrecken gepackt werden. Und das geschieht auch: Zuerst erschrecken alle zu Tode, die in der Nähe sind, und manche erschrecken nicht nur, sondern müssen wirklich sterben. Und alle Menschen, die davon in der Zeitung lesen oder es im Fernsehen sehen, erschrecken kurz darauf ebenfalls. Alle werden eingeschüchtert. Genau das will der Terrorist. Er ist furchtbar wütend auf eine bestimmte Regierung oder auf ein Land, und er will, dass sich dort keiner mehr sicher fühlt.

**TEUFEL** „Diabolos – Diabolus – Tiufal – Tiuvel – Teufel". Diese Wörterreihe liest sich wie ein böser Zauberspruch, zeigt aber nur, wie das Wort Teufel entstand. Am Anfang stand der griechische „Diabolos" – der „Durcheinanderwerfer". „Der, der alles durcheinanderschmeißt" – das ist der Teufel. Damit ist gemeint: Gott hat die Welt so geschaffen, dass alles seine Ordnung hat. Und innerhalb dieser Ordnung gibt es nun den „Teufel", der alles durcheinanderbringt. Ist das denn in Ordnung?

**TIER** Warum heißen Tiere „Tiere“? Am besten zeigt es uns der Hund: Wenn ein Dackel fünf Mal über einen Fußballplatz gerannt ist, danach noch drei Mal eine Böschung rauf und runter lief, durch einen Bach platschte, und wenn er sich zum Schluss (– „sitz, Bello, sitz!“ – ) von seinen Rennereien ausruht, dann hechelt er eine ganze Weile mit hängender Zunge japsend vor sich hin. Das tun alle Tiere, wie die Menschen auch: Sie atmen. Das Urwort für Atmen war „dheu“, und daraus wurde über die Jahre „Tier“.
Ein Tier ist also ein „Atemwesen“.

U

**UHR** „Entschuldigung, können Sie mir sagen, wie viel Uhr es ist?“ – „Zehn Uhr dreißig.“ – „Danke“. So ein Gespräch kann man bei uns jederzeit zum Beispiel im Bus aufschnappen. Keiner fragt: „Wie viele Uhren sind es?“ Das wäre eigentlich logischer, denn „Uhr“ kommt vom lateinischen „hora“, und das bedeutet „Stunde“. Irgendwann wurde aus „Hora“ für „die Stunde“ das Ding, das die Stunden anzeigt: in Form von Armband-, Taschen-, oder Kirchturmuhren. „Uhr“ ist also die „Stundenzeigerin“.

**UHU** Der Uhu ist die größte bei uns lebende Eule. Ihr Rufen in der Nacht hat ihr diesen Namen gegeben. Bevor sie Uhu hieß, nannte man sie auch „Schuhu“, „Buhu“ und „Huhu“. Aber „Uhu!“ klang einfach am ähnlichsten, daher blieb der Name an ihr kleben wie der Klebstoff in der gelben Tube, der genau so heißt.

**UNFALL** Bei einem „Mensch-ärgere-dich-nicht"-Spiel kann ein Spieler den anderen kurz vor dem Ziel aus dem Rennen kicken. Erst fällt der Würfel, dann fällt die Spielfigur. Das Wort „Unfall" kommt vom Würfelspiel: Der Würfel fällt so, dass es für den Spieler nicht gut ausgeht. Auch der „Glücksfall", der „Zufall" oder der „Zwischenfall" haben ihre Namen vom Würfeln. Denn alle diese „Fälle" passieren einfach, ob man will oder nicht. Genau wie man beim Spielen nie vorherbestimmen kann, wie der Würfel fällt.

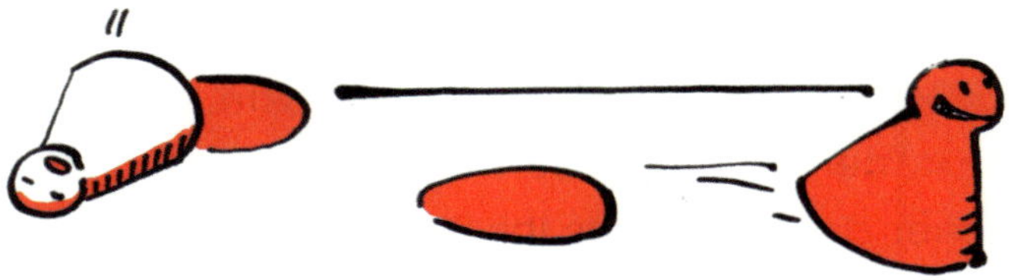

**VIELLEICHT** Vielleicht sollte man „vielleicht“ auseinanderschreiben: „viel leicht“, dann erkennt man sofort seinen Sinn. Zur Zeit der Ritter und Burgfräulein hieß es „vil lihte“ – „ganz leicht“ oder „unbeschwert“. Wenn also der Nikolaus am 6. Dezember nur „viel leicht“ zu mir kommt, dann heißt das: Der Nikolaus nimmt seinen Besuch bei mir auf die leichte Schulter, es ist ihm nicht so wichtig, ob er kommt oder nicht.

**VULKAN** Besonders aufregende Naturereignisse haben sich die Menschen früher immer damit erklärt, dass ein Gott oder ein Zauberwesen dahintersteckt. Ein Vulkanausbruch ist so ziemlich das Aufregendste, was man in der Natur erleben kann. Die alten Römer dachten, dass ihr Feuergott den Ausbruch auslöste. „Vulcanus“ hieß dieser Gott. Wenn der Vesuv heiße Lava ausspuckte, dann sagten die Römer: „Vulcanus hämmert mal wieder in seiner unterirdischen Schmiede“. Ein „Vulkan“ ist daher eine „Feuergottschmiede“.

W

**WEIHNACHTEN** Zu Zeiten der Ritter und Burgdamen hieß „Weihnachten" noch „Ze den wihen nachten". Das bedeutete: „in den geweihten Nächten". Diese „geweihten" Nächte sind „heilige" Nächte, in denen die Geburt von Jesus nacherzählt und gefeiert wird.

**WERWOLF** Als es noch viele wilde und gefährliche Tiere in Deutschland gab, dachten die Leute, dass auch ein Mensch für eine bestimmte Zeit zu einem Wolf werden könne. „Wolf" kommt von dem Urwort „uel" her. Das bedeutet „Der, der alles niederreißt". Das „Wer-" vor dem „Wolf" kommt von dem lateinischen Wort „vir" für „Mann" oder „Mensch". Ein „Werwolf" ist also ein „zerreißendes Manntier".

**WELT** Das lateinische Wort für „Mann“ oder „Mensch“ heißt „vir“. „Vir“ steckt auch hinter dem „We-“ von „Welt“. Der Schluss „-lt“ hängt mit den Wörtern „alt“ und „Alter“ zusammen. „Alt“ hieß bei den Germanen einfach „gewachsen“. Ein „alter“ Mann war ein „ausgewach-sener Mensch“. Wenn man „Mensch“ für „We“ und „Alter“ für „-lt“ zusammennimmt, kommt „Menschenalter“ heraus.
Die Welt ist also der Ort, wo die Menschen wachsen und alt werden.

**WITZ UND WISSEN** Witze sind für uns lustige Geschichten mit einem Schlusssatz, bei dem man lachen muss – wenn der Witz gut war. Vor einigen hundert Jahren hieß „Witz“ noch dasselbe wie unser Wort „Wissen“. Ein witziger Mensch wusste damals nicht nur viele Witze – er wusste überhaupt viel. Und „Wissen“ kommt von einem ausgestorbenen Wort für „finden“. Wer etwas „weiß“, der hat zuvor etwas „gefunden“ – zum Beispiel die Idee für einen guten Witz.

**WOLKE** Für das Wort „Wolke“ gibt es zwei Erklärungen: Manche Sprachforscher meinen, dass „Wolke“ von einem ausgestorbenen Wort für „feucht“ abstammt – wonach „Wolke“ „die Feuchte“ heißt. Andere sagen, das Wort kommt von dem osteuropäischen Wort „Wolk“. Es bedeutet: „die Dahinziehende“. Vielleicht stimmt beides. Dann wäre eine „Wolke“ eine „feuchte Dahinziehende“ – und genau das ist sie ja auch.

**WURM UND SCHLANGE** Ein Regenwurm, der sich bei feuchtem Wetter aus dem Erdboden heraustraut, dreht und windet sich. Genau das heißt das Wort „Wurm“: „der sich Drehende, Windende“. „Schlange“ bedeutet genau das Gleiche, nur kommt dieses Wort von „schlingen“. Und das heißt wiederum „sich winden“. Damit steht das Ergebnis fest: Ein Wurm ist eine „Drehschlange“. Und eine Schlange ist ein „Drehwurm“.

X

**XYLOPHON** Ein längliches Holzkästchen mit einer Reihe von Holzstäben – das ist ein Xylophon. Wenn man die Holzstäbe mit einem Schlegel anschlägt, erklingen unterschiedliche Töne. Genau diese Erklärung steckt in dem Wort „Xylophon". Es besteht aus den griechischen Wörtern „xylos" für Holz und „phone" für Klang (siehe Seite 66 über das „Telefon"). Das Musikinstrument „Xylophon" ist also ein „Holzklängler".

Z

**ZAUBER** Nun sind wir schon beim Buchstaben Z, und ich habe von so vielen Wörtern erzählt, warum sie so heißen. Es wird Zeit, etwas zu gestehen: Bei vielen, vielen Wörtern weiß niemand mehr, woher sie kommen. Sie sind einfach da, und keiner weiß, warum. Das gilt auch für das Wort „Zauber". Um dennoch etwas über das Wort „Zauber" herauszukriegen, habe ich es mit „Abrakadabra" versucht. (siehe Seite 5). Es hat aber überhaupt nichts gebracht, wahrscheinlich, weil ich kein Zauberer bin.

**ZIRKUS, ZIRKEL UND CIRCA** Diese drei Wörter stammen vom selben griechischen Urwort „kirkos" ab, und das heißt „Kreis". Ein „Zirkus" ist ein „Kreisplatz", ein „Zirkel" ist „ein kleiner Kreis". Und „circa" bedeutet: „in der Nähe von etwas" oder „so nah, dass man einen Kreis um beides herumziehen kann".

**ZWIEBACK – TOASTBROT** Die Wörtchen „zwie / zwei“ und „back“ verraten es schon: Der Zwieback wird, bevor man ihn in einer Tüte verpackt, zwei Mal nacheinander gebacken. Das zweite Backen war eigentlich ein „Rösten“. Und „geröstet“ heißt auf Lateinisch „tostus“ und auf Englisch „toast“. Ein „Toastbrot“ ist also ein „Röstbrot“, und daher auch ein Zwieback. Und ein Zwieback ist auch eine Art Toastbrot.

# Anhang

## AUFLÖSUNG VON NEUN WORTLEGENDEN IN DIESEM BUCH

Während vieler Lesestunden für dieses Buch fiel mir auf, dass sich manche Wörter trotz eifriger Nachforschungen von Wissenschaftlern bis heute nicht erklären lassen. In den Erklärungen der Sprachforscher fanden sich dann immer wieder die Bemerkungen „Herkunft dunkel“ oder „Herkunft unklar“.

In neun Fällen und zwar bei den Wörtern Flummi, Hobby, Ja, Karussell, Ketchup, Kitzeln, Nudel, Pudding und Regen habe ich meine Phantasie eingesetzt und statt abgesicherten Wissens meine Vermutungen aufgeschrieben. Hier sollen diese neun „Worträtsel“ nun aufgelöst werden, um Missverständnisse zu vermeiden.

1. **FLUMMI** Erst nachdem der Text für dieses Buch schon fertig war, stieß ich in einem Internetbeitrag auf die Walt-Disney-Komödie „Der fliegende Pauker“ von 1961. Dieser Film geht zurück auf eine Kurzgeschichte „Situation of

Gravity“ von Samuel W. Taylor. Sie handelt von einem Chemiker, der ein gummi-ähnliches Material erfindet, das „flying rubber“ – kurz „flubber“ genannt wird. „Flying rubber“ = „fliegendes Gummi“ wurde bei der Synchronisation des Films ins Deutsche mit „fliegendes Gummi“ – kurz „Flummi“ – übersetzt. Das heißt: in Wahrheit ist das Wort „Flummi“ durch genau diesen Film in die deutsche Sprache gelangt! Die große Ähnlichkeit meiner eigenen Wortlegende mit der tatsächlichen Geschichte des Kunstwortes „Flummi“ beweist: Selber über die Herkunft von Wörtern nachzudenken kann der Wahrheit ziemlich nahe kommen.

**2. HOBBY** Bei „Kluge“ steht zum Wort „Hobby“: „Entlehnt aus neuenglisch Hobby (horse), dessen Ursprung nicht mit letzter Sicherheit geklärt ist.“ Ich wollte mit der Erfindung von „Graf Hobster“ die „letzte Sicherheit“ liefern, wie unser Wort „Hobby“ in die Welt kam.
Woher aber mein Graf Hobster den Namen „Hobster“ hat, das lässt sich leider nicht mit letzter Sicherheit klären …

**3. JA** Bei „Kluge“ steht zu „ja“: „Vermutlich ist von einem demonstrativen Pronominalstamm ig *i- auszugehen; näheres ist aber unklar.“
Ohne diesen Satz mit seiner Fachsprache wirklich verstanden zu haben, habe ich meine Ja-Geschichte verfasst, so weit ich glaubte, mitgekommen zu sein.

**4. KARUSSELL** Das Duden-Herkunftswörterbuch nennt die Bedeutung des Wortes „dunkel“, verweist auf das italienische Wort „Carossello“, das zur Bezeichnung eines Reiterspiels diente, bei dem mit Stangen durch aufgehängte Ringe gestochen wurde. Ein paar Einträge weiter vorn bietet der Duden, wie ich finde, mit dem Wort „Karosse“ eine denkbare Alternative an, ohne selbst eine Querverbindung herzustellen. Das habe ich an dieser Stelle für ihn getan.

**5. KETCHUP** Englische Großfamilien, die am Tisch sitzen und sich gegenseitig die Ketchupflasche zuwerfen, das ist – bis jetzt! – ein Märchen. Aber wer weiß – vielleicht kann meine Darstellung manche Familie, die zusammen am Tisch sitzt, zu einem solchen Fangspiel ermuntern? In Wahrheit stammt das Wort „Ketchup“ aus einer asiatischen Sprache, möglicherweise aus dem Chinesischen, und bedeutet „Tunke“.

Meine Herleitung aus dem Englischen mittels „to catch something up“ ist tatsächlich gar nicht so übel: Man kann es mit „schnell etwas ergreifen“ übersetzen. Ich gestehe aber, dass ich erst dann im Englisch-Deutschen Wörterbuch nachgeschlagen habe, nachdem ich meinen Artikel bereits geschrieben hatte.

**5. KITZELN** Es stimmt: das englische „kid" und das deutsche Wort „Kitz" sind miteinander verwandt. Die Vermutung der Wortforscher ist eine andere: Anscheinend ahmt der Klang des Wortes „Kitzeln" das Kitzeln selbst nach. Gerade so, als solle sich jeder Mensch bereits „angekitzelt" fühlen, wenn er nur das Wort „kitzeln" zu hören bekommt.

**6. NUDEL** In einem launigen Gespräch mit einem Freund entwickelten wir die Erklärung von der nackten Nudel. Tatsächlich lagen wir mit unserer Idee nur ganz knapp daneben: Nicht „nudus"- nackt, sondern „nodus", das lateinische Wort für „Knoten", hat der Nudel ihren Namen gegeben. Ich bevorzuge aber nach wie vor die „nudus"-Variante. Sie gibt einfach mehr her.

**7. PUDDING** Professor Koch vom Sprachwissenschaftlichen Institut Tübingen war nach der Lektüre meines Pudding-Artikelchens nicht eine Sekunde lang im Zweifel, dass mein „Put-in-Pud-Ding" eine reine Erfindung sein müsse. Vielmehr wies er uns auf die französische „Boudin", die Blutwurst, als Namengeberin hin. Recht hat er!

**8. REGEN** Im Duden-Herkunftswörterbuch steht: „Das [...] Wort mhd. regen [...] ist dunklen Ursprungs." Die aus dem Altgriechischen stammende Schlusssilbe -gen und die lateinische Vorsilbe re- gibt es zwar in Wirklichkeit und sie bedeuten auch das, was ich zu „Regen" erkläre.
Aber das Wort „Regen" stammt nun mal weder aus dem Lateinischen noch aus dem Griechischen, sondern aus dem Germanischen.

# Inhalt

1. Auflage 2009
© 2009 by Klett Kinderbuch, Leipzig
Alle Rechte vorbehalten
**Umschlaggestaltung** Hildegard Müller
unter Verwendung von Illustrationen von Susann Hesselbarth
**Illustrationen** Susann Hesselbarth
**Layout und Herstellung** atelier eilenberger, Leipzig
**Druck und Bindung** Offizin Andersen Nexö, Zwenkau
Printed in Germany
ISBN 978-3-941411-07-4

www.klett-kinderbuch.de

rakada
vent Akrobat
gie Energie Ameise Ap
Auto Bio blöd dumm doof b
Brille Brot Buch Burger Bus Christus
Cowboy Dinosaurier Döner Kebab Drache Eng
xplosion Fasching Fastnacht Karneval faul Fee Finger F
mi frech Gänsehaut Geheimnis geil Gespenst Gott Grippe grus
Grusel Gully gut Hai Hängematte Haus Hose Hort Herbst Hexe Hobb
mmel Hölle Honig Idiot Indianer Ja Kacke Käfer Kartoffel Karussell Katze
tchup Kiosk kitzeln Klo Kobold Zwerg kotzen Kran Krokodil kunterbunt
wenzahn Lokomotive Mama Maul Maulwurf Meerschweinchen Mond Mon
m Nein Nudel Öl Ostern Palme Pampe Pappe Pimmel Pipi Pirat Popo Pud
mpernickel Puzzle Quatsch Rad Radiergummi Rakete Regen Ritter Roboter
e Schmetterling Sommersprossen sterben Suppe Taufe Taxi Teddybär Tele
cht Vulkan Weihnachten Werwolf Welt Witz Wissen Wolke Wurm Schlang
rakadabra Advent Akrobat Allergie Energie Ameise Apfel Auto Bio blöd
y Dinosaurier Döner Kebab Drache Engel Explosion Fasching Fastnacht
nst Gott Grippe gruselig Grusel Gully gut Hai Hängematte Ha
fer Kartoffel Karussell Katze Keks Ketchup Kiosk Kitzel
komotive Mama Maul Maulwurf Meerschweinch
mmel Pipi Pirat Popo Pudding Pudel Pu
boter Rotz Salami Salat Salz Sc
efon Terrorist Teufel Tie
urm Schlange X
ergie A